Marketing Digital: Do Básico ao Avançado

Sumário
Marketing Digital: Do Básico ao Avançado 1
Introdução ao Marketing Digital 16
    Definição e importância do Marketing Digital 16
    Evolução do Marketing Digital 18
    Principais conceitos e termos... 23
Planejamento de Marketing Digital 27
    Pesquisa de mercado e análise de concorrência..................... 27
    Definição de objetivos e metas SMART.................................... 31
    Desenvolvimento de personas e segmentação de público-alvo 36
    Elaboração de um plano de marketing digital........................ 41
Marketing de Conteúdo 47
    Criação e curadoria de conteúdo 47
    Tipos de conteúdo (blog posts, vídeos, infográficos, etc.) 51
        1. Blog Posts... 51
        2. Vídeos 52
        3. Infográficos 52
        4. Ebooks... 53
        5. Estudos de Caso 53
        6. Webinars e Podcasts.. 53
        7. Whitepapers e Guias 54

8. Posts em Redes Sociais 55
Escolha de Tipos de Conteúdo 55
Estratégias de conteúdo para diferentes plataformas 55
  Estratégias de Conteúdo por Plataforma 56
  Dicas Gerais 59
SEO (Otimização para Mecanismos de Busca) 60
  Elementos-Chave do SEO 60
  Boas Práticas de SEO 63
SEO (Search Engine Optimization) 64
Fundamentos do SEO 64
  1. Palavras-Chave 64
  2. Conteúdo de Qualidade 64
  3. SEO On-Page 65
  4. Link Building 65
  5. SEO Técnico 65
  6. SEO Local 66
  7. Análise e Monitoramento 66
  Práticas Recomendadas 66
  Benefícios do SEO 67
Pesquisa de palavras-chave 67
  Passos para Realizar uma Pesquisa de Palavras-Chave 68
  Dicas Adicionais 70
SEO on-page e off-page 71
  SEO On-Page 71

SEO Off-Page 72
Integração de SEO On-Page e Off-Page 74
Ferramentas de SEO e análise de desempenho 75
Ferramentas de SEO 75
Análise de Desempenho e Métricas Importantes 77
Como Escolher as Ferramentas Certas 78
Marketing de Mídias Sociais 79
Introdução às principais plataformas (Facebook, Instagram, Twitter, LinkedIn, etc.) 79
Introdução às Principais Plataformas de Mídias Sociais 79
Estratégias Comuns em Mídias Sociais 81
Considerações Finais 82
Criação e gestão de perfis sociais 82
Criação de Perfis Sociais 83
Gestão de Perfis Sociais 84
Dicas Adicionais 85
Estratégias de engajamento e crescimento de seguidores 86
Estratégias de Engajamento 86
Estratégias de Crescimento de Seguidores 87
Publicidade em mídias sociais (Social Ads) 89
Benefícios da Publicidade em Mídias Sociais 89
Estratégias para Criar Anúncios Eficientes 90
Tipos Comuns de Anúncios em Mídias Sociais 92

Ferramentas e Plataformas de Publicidade em Mídias Sociais 92

Considerações Finais 93

Publicidade Online (Paid Media) 94

Introdução ao Google Ads e outras plataformas de publicidade 94

Google Ads 94

Outras Plataformas de Publicidade 95

Criação de campanhas pagas (PPC, display, remarketing) 97

PPC (Pay-Per-Click) 97

Display Ads 99

Remarketing 100

Ferramentas e Plataformas 102

Segmentação e targeting 102

Segmentação Demográfica 102

Segmentação Comportamental 103

Segmentação por Contexto 103

Segmentação por Dispositivo 104

Remarketing e Segmentação Personalizada 104

Ferramentas e Plataformas 104

Estratégias de Segmentação Eficientes 105

Análise e otimização de campanhas 106

Passos para Análise de Campanhas 106

Estratégias de Otimização de Campanhas 107

- Monitoramento Contínuo e Ajustes 109
- Ferramentas de Apoio 110
- Email Marketing 111
  - Fundamentos do email marketing 111
    - **Fundamentos do Email Marketing** 111
    - **Ferramentas e Plataformas** 113
    - **Boas Práticas** 113
  - Ferramentas e plataformas de e-mail marketing 114
    - **1. Mailchimp** 114
    - **2. Campaign Monitor** 115
    - **3. Constant Contact** 115
    - **4. Sendinblue** 116
    - **5. HubSpot Email Marketing** 116
    - **6. AWeber** 117
    - **Escolha da Plataforma Certa** 117
  - Criação de listas de e-mails e segmentação 118
    - 1. Coleta de Emails 118
    - 2. Segmentação de Emails 119
    - 3. Melhores Práticas 120
    - Exemplo Prático 121
  - Boas práticas e estratégias de automação 121
    - Boas Práticas 122
    - Estratégias de Automação 123
    - Ferramentas de Automação 125

Exemplo Prático de Automação 125

Analytics e Métricas 126

Introdução ao Google Analytics e outras ferramentas de análise 126

Introdução ao Google Analytics 127

Outras Ferramentas de Análise 128

Exemplo Prático de Uso do Google Analytics 130

Principais métricas e KPIs 131

Métricas de Tráfego 131

Métricas de Aquisição 132

Métricas de Engajamento 134

Métricas de Conversão 134

Métricas de Retenção 135

Exemplo Prático de Análise de Métricas 136

Relatórios e análise de dados 137

Criação de Relatórios 137

Estrutura de um Relatório de Dados 139

Análise de Dados 141

Ferramentas de Relatórios 142

Exemplo Prático de Relatório 143

Tomada de decisões baseada em dados 146

1. Defina Objetivos e KPIs 146

2. Coleta e Análise de Dados 146

3. Análise de Desempenho 147

- 4. Interpretação dos Dados ... 148
- 5. Tomada de Decisões ... 148
- 6. Ação e Otimização ... 149
- Exemplo Prático ... 150

Inbound Marketing ... 151
- Conceitos e metodologia do Inbound Marketing ... 151
  - Conceitos do Inbound Marketing ... 151
  - Metodologia do Inbound Marketing ... 153
  - Etapas do Funil de Inbound Marketing ... 155
  - Exemplo Prático de Inbound Marketing ... 157
- Funil de vendas e jornada do cliente ... 158
  - Funil de Vendas ... 158
  - Jornada do Cliente ... 160
  - Integração do Funil de Vendas e Jornada do Cliente ... 162
  - Exemplo Prático ... 163
- Atração, conversão, fechamento e encantamento ... 164
  - 1. Atração ... 164
  - 2. Conversão ... 165
  - 3. Fechamento ... 166
  - 4. Encantamento ... 168
  - Exemplo Prático ... 169
- Ferramentas de automação de marketing ... 170
  - 1. HubSpot ... 170
  - 2. Marketo (Adobe) ... 171

3. ActiveCampaign 172

4. Pipedrive 173

5. Mailchimp 173

6. GetResponse 174

7. Sendinblue 175

8. Drip 176

E-commerce e Marketing Digital 177

Fundamentos do comércio eletrônico 177

   1. Conceito de Comércio Eletrônico 177

   2. Modelos de Comércio Eletrônico 177

   3. Componentes de um E-commerce 178

   4. Estratégias de Marketing Digital para E-commerce 179

   5. Principais Tendências em E-commerce 181

   6. Desafios do E-commerce 182

   7. Exemplo de Implementação 183

Plataformas de e-commerce e integração com marketing digital 184

   Principais Plataformas de E-commerce 185

   Integração com Marketing Digital 188

   Exemplos de Implementação 190

Estratégias de marketing para e-commerce 192

   1. Otimização para Motores de Busca (SEO) 192

   2. Marketing de Conteúdo 193

   3. E-mail Marketing 194

4. Publicidade Paga (PPC) 194

5. Redes Sociais 195

6. Marketing de Influenciadores 196

7. Programas de Fidelidade e Recompensas 196

8. Otimização da Taxa de Conversão (CRO) 197

9. Marketing de Vídeo 197

10. Análise e Otimização 198

Exemplos de Implementação 198

Otimização de conversões e vendas online 200

1. Otimização da Experiência do Usuário (UX) 200

2. Otimização do Processo de Checkout 201

3. Melhoria das Páginas de Produtos 202

4. Personalização e Segmentação 203

5. A/B Testing e Análise de Dados 204

6. Marketing de Retargeting 204

7. Otimização para Conversões Móveis 205

Exemplos de Implementação 206

Mobile Marketing 207

Importância do marketing móvel 207

1. Crescimento do Uso de Dispositivos Móveis 207

2. Acesso Imediato e Localização 208

3. Experiência do Usuário Personalizada 208

4. Aumento das Taxas de Conversão 208

5. Integração com Outras Estratégias de Marketing 209

6. Inovação e Tendências Tecnológicas 209
Exemplos de Estratégias de Marketing Móvel 209
Criação de campanhas mobile-friendly 210
   1. Design Responsivo 211
   2. Otimização de Conteúdo 211
   3. Velocidade de Carregamento 211
   4. Facilidade de Navegação 212
   5. Experiência de Usuário 212
   6. Testes e Ajustes 212
   7. Integração com Outras Estratégias 213
   Exemplos Práticos 213
SMS marketing e notificações push 214
   SMS Marketing 214
   Notificações Push 215
   Comparação 217
Aplicativos móveis e estratégias de engajamento 218
   1. Ofereça Valor Imediato 218
   2. Personalização e Relevância 218
   3. Engajamento Proativo 219
   4. Facilidade de Uso e Experiência do Usuário (UX) 219
   5. Fidelização e Retenção 219
   6. Incentive Interações Regulares 220
   7. Análise e Melhoria Contínua 220
   8. Integração com Outras Plataformas 220

Exemplos de Estratégias de Engajamento 221

Ferramentas e Recursos 221

Marketing de Influência 222

Introdução ao marketing de influência 222

O que é Marketing de Influência? 222

Benefícios do Marketing de Influência 222

Tipos de Influenciadores 223

Como Iniciar uma Campanha de Marketing de Influência 224

Exemplos de Estratégias de Marketing de Influência 225

Plataformas e Ferramentas de Marketing de Influência.225

Identificação e seleção de influenciadores 226

1. Defina Seus Objetivos e Público-Alvo 226

2. Pesquise Influenciadores Relevantes 226

3. Avalie a Relevância e Credibilidade 227

4. Analise o Engajamento 227

5. Considere o Alcance e a Demografia 227

6. Revise a Ética e o Histórico 228

7. Estabeleça um Relacionamento 228

8. Monitore e Avalie o Desempenho 229

Exemplos de Ferramentas para Identificação de Influenciadores 229

Criação de campanhas de marketing de influência 230

1. Definição de Objetivos 230

2. Identificação do Público-Alvo 230
3. Seleção dos Influenciadores 230
4. Desenvolvimento do Briefing 231
5. Negociação e Acordo 231
6. Criação e Aprovação do Conteúdo 232
7. Lançamento e Execução 232
8. Monitoramento e Análise 232
9. Relatório e Avaliação 233

Exemplos de Tipos de Conteúdo para Campanhas de Influência 233

Ferramentas e Recursos 233

Medição de resultados e ROI 234

1. Definição de Objetivos 234
2. Principais Métricas para Medir 235
3. Ferramentas de Análise 236
4. Cálculo do ROI 236
5. Atribuição e Rastreamento 236
6. Relatórios e Análise 237

Exemplos Práticos 237

Marketing de Afiliados 238

Conceitos e funcionamento do marketing de afiliados 238

Conceitos Básicos 238

Funcionamento do Marketing de Afiliados 239

Tipos de Comissões 240

12

Vantagens do Marketing de Afiliados 241

Desafios do Marketing de Afiliados 241

Ferramentas Úteis 242

Programas de afiliados e plataformas 242

Programas de Afiliados Populares 243

Plataformas de Afiliados 244

Considerações ao Escolher um Programa ou Plataforma de Afiliados 246

Estratégias para atrair e reter afiliados 247

Estratégias para Atrair Afiliados 247

Estratégias para Reter Afiliados 248

Exemplos Práticos 250

Análise de desempenho e otimização 251

Análise de Desempenho 251

Otimização do Programa de Afiliados 253

Exemplos Práticos 254

Tendências e Futuro do Marketing Digital 255

Tecnologias emergentes (IA, VR, AR, etc.) 255

1. Inteligência Artificial (IA) 256

2. Realidade Virtual (VR) e Realidade Aumentada (AR) 256

3. Blockchain 257

4. Marketing de Voz 258

5. Big Data e Análise Avançada 258

6. Vídeo Interativo e Conteúdo ao Vivo 259

7. Marketing Omnicanal 259
8. Conteúdo Gerado pelo Usuário (UGC) 259
Conclusão 260
Novas plataformas e canais de marketing 260
1. TikTok 261
2. Clubhouse 261
3. Twitch 262
4. Discord 263
5. Pinterest 263
6. Snapchat 264
7. Podcasts 265
8. LinkedIn 265
Previsões e tendências futuras 266
1. Expansão da Inteligência Artificial (IA) 267
2. Realidade Aumentada (AR) e Realidade Virtual (VR) 267
3. Marketing de Voz e Assistentes Virtuais 268
4. Blockchain e Transparência 268
5. Big Data e Análise Avançada 269
6. Conteúdo Interativo e Experiências Imersivas 270
7. Sustentabilidade e Responsabilidade Social 270
8. Expansão do Marketing Omnicanal 271
9. Economia de Criadores e Influenciadores 271
10. Experiências de Realidade Mista (MR) 271
Conclusão 272

Adaptação e inovação contínua 272
    1. Cultura de Inovação 272
    2. Monitoramento de Tendências 273
    3. Flexibilidade e Agilidade 274
    4. Tecnologia e Ferramentas 274
    5. Experimentação e Inovação 275
    6. Foco no Cliente 276
    7. Sustentabilidade e Responsabilidade Social...................276
Projetos e Avaliações 278
Avaliações 278
    Testes e avaliações de conhecimentos 278

Introdução ao Marketing Digital
Definição e importância do Marketing Digital

O Marketing Digital é um conjunto de estratégias, técnicas e ferramentas utilizadas para promover produtos, serviços ou marcas através de meios digitais. Isso inclui o uso da internet, dispositivos móveis, mídias sociais, motores de busca, email, e outros canais digitais para alcançar e envolver o público-alvo de maneira eficaz e mensurável.

Principais Componentes do Marketing Digital

1. **SEO (Search Engine Optimization)**: Otimização de sites e conteúdos para melhorar o posicionamento nos resultados de busca orgânica.

2. **Marketing de Conteúdo**: Criação e distribuição de conteúdo relevante e valioso para atrair e engajar um público-alvo definido.

3. **Mídias Sociais**: Utilização de plataformas como Facebook, Instagram, Twitter, LinkedIn, entre outras, para promover conteúdos e interagir com o público.

4. **Publicidade Online**: Investimento em anúncios pagos em plataformas como Google Ads, Facebook Ads, entre outros.

5. **Email Marketing**: Envio de mensagens direcionadas e personalizadas para listas segmentadas de contatos.

6. **Analytics e Métricas**: Monitoramento e análise de dados para avaliar o desempenho das campanhas e estratégias.

Importância do Marketing Digital

1. **Alcance Global**: O Marketing Digital permite que empresas alcancem um público global, superando as limitações geográficas dos métodos tradicionais.

2. **Precisão na Segmentação**: Ferramentas digitais permitem segmentar o público de forma precisa, direcionando campanhas para grupos específicos com maior probabilidade de conversão.

3. **Custo-efetividade**: Em comparação com o marketing tradicional, o Marketing Digital oferece diversas opções de publicidade mais acessíveis e com maior retorno sobre o investimento (ROI).

4. **Interatividade e Engajamento**: As plataformas digitais permitem uma interação direta e imediata com os consumidores, promovendo maior engajamento e construção de relacionamento.

5. **Mensurabilidade**: Ferramentas de análise e métricas permitem medir com precisão o desempenho das campanhas, facilitando ajustes em tempo real e a otimização de estratégias.

6. **Adaptabilidade e Flexibilidade**: O Marketing Digital permite ajustes rápidos e eficientes em campanhas,

respondendo às mudanças do mercado e comportamento do consumidor.

7. **Desenvolvimento de Marca**: Estratégias de conteúdo e mídia social ajudam na construção e fortalecimento da marca, aumentando a visibilidade e credibilidade.

8. **Acessibilidade para Pequenas Empresas**: Mesmo empresas com orçamentos limitados podem competir com grandes players através de estratégias bem planejadas de Marketing Digital.

9. **Informações em Tempo Real**: As ferramentas digitais oferecem dados em tempo real sobre o comportamento do consumidor, permitindo decisões rápidas e informadas.

O Marketing Digital é essencial no cenário atual, onde a presença online é crucial para o sucesso de qualquer negócio. Ele proporciona uma maneira eficiente, mensurável e acessível de alcançar o público-alvo, construir relacionamento com os clientes e aumentar as vendas e a visibilidade da marca. Em um mundo cada vez mais conectado, dominar as estratégias de Marketing Digital é fundamental para qualquer profissional ou empresa que deseja se destacar no mercado.

Evolução do Marketing Digital

A evolução do Marketing Digital é marcada por diversas fases e transformações tecnológicas que moldaram a maneira como as empresas promovem seus produtos e serviços. Aqui está uma visão geral das principais etapas dessa evolução:

1. Surgimento da Internet (Anos 1990)

- **Primeiros websites e emails**: Com a popularização da internet, as empresas começaram a criar websites e utilizar o email para comunicação.

- **Search Engines**: O surgimento de motores de busca como Yahoo! (1994) e Google (1998) revolucionou a forma como as informações eram encontradas online.

- **Primeiros anúncios online**: Em 1994, a AT&T lançou o primeiro banner publicitário na web, marcando o início da publicidade online.

2. A Bolha da Internet (Final dos Anos 1990 e Início dos Anos 2000)

- **Explosão de startups**: O período viu um aumento massivo de startups de tecnologia e investimentos em negócios online.

- **Queda e recuperação**: A bolha da internet estourou em 2000, mas a tecnologia e o marketing digital continuaram a evoluir rapidamente após a recuperação.

3. Ascensão do Google e SEO (Início dos Anos 2000)

- **Google Ads**: Lançado em 2000, o Google Ads (inicialmente chamado Google AdWords) permitiu que empresas pagassem para aparecer em resultados de busca.

- **SEO**: As empresas começaram a entender a importância de otimizar seus sites para os motores de busca (SEO) para melhorar seu posicionamento orgânico.

4. Expansão das Mídias Sociais (Meados dos Anos 2000)

- **Redes sociais**: Plataformas como Facebook (2004), YouTube (2005), Twitter (2006), LinkedIn (2003), e Instagram (2010) transformaram a forma como as pessoas se comunicam e compartilham informações.

- **Marketing de mídia social**: As empresas começaram a usar essas plataformas para se conectar com os consumidores e promover seus produtos.

5. Era do Mobile e Apps (Final dos Anos 2000 e Início dos Anos 2010)

- **Smartphones**: O lançamento do iPhone em 2007 e a popularização dos smartphones mudaram radicalmente o comportamento do consumidor.

- **Aplicativos móveis:** As empresas começaram a desenvolver aplicativos para melhorar a experiência do usuário e facilitar o comércio móvel (m-commerce).

- **Marketing móvel**: Campanhas de SMS, notificações push e anúncios em aplicativos se tornaram comuns.

6. *Automação e Big Data (Anos 2010)*

- **Ferramentas de automação**: Plataformas como HubSpot, Marketo e Salesforce Marketing Cloud permitiram a automação de tarefas repetitivas e a personalização em escala.

- **Big Data e análise**: O uso de grandes volumes de dados (Big Data) permitiu uma melhor compreensão do comportamento do consumidor e a otimização das estratégias de marketing.

7. *Marketing de Conteúdo e Influência (Anos 2010)*

- **Marketing de conteúdo**: A criação de conteúdo valioso e relevante para atrair e engajar o público-alvo se tornou uma estratégia central.

- **Marketing de influência**: O uso de influenciadores digitais para promover produtos e serviços ganhou destaque, com a capacidade de alcançar públicos específicos de forma autêntica.

8. *Inteligência Artificial e Machine Learning (Anos 2020)*

- **IA e personalização**: A inteligência artificial começou a ser usada para personalizar experiências de usuário, prever comportamentos e otimizar campanhas.

- **Chatbots e assistentes virtuais**: Adoção de chatbots e assistentes virtuais para melhorar o atendimento ao cliente e a eficiência das operações de marketing.

9. Presente e Futuro

- **Realidade Aumentada (AR) e Realidade Virtual (VR)**: Tecnologias de AR e VR estão sendo exploradas para proporcionar experiências imersivas de marca.

- **Blockchain e privacidade de dados**: A tecnologia blockchain está sendo estudada para aumentar a transparência e segurança nas transações digitais, enquanto as regulamentações de privacidade de dados, como o GDPR, estão moldando as práticas de marketing.

- **Omnichannel**: Integração de múltiplos canais de marketing para proporcionar uma experiência coesa e contínua ao consumidor.

A evolução do Marketing Digital reflete a rápida mudança tecnológica e as crescentes expectativas dos consumidores. Desde os primeiros websites e emails até as avançadas técnicas de inteligência artificial e personalização de hoje, o Marketing Digital continua a se adaptar e inovar, oferecendo novas oportunidades para as empresas se conectarem com seus públicos de maneiras mais eficazes e significativas.

Principais conceitos e termos

1. SEO (Search Engine Optimization)

- **SEO On-Page**: Otimização dos elementos internos de um site, como conteúdo, títulos, meta descrições, URLs e imagens, para melhorar o posicionamento nos motores de busca.

- **SEO Off-Page**: Estratégias externas ao site, como backlinks (links de outros sites apontando para o seu), que ajudam a melhorar a autoridade e a relevância do site nos motores de busca.

- **Palavras-chave**: Termos e frases que os usuários digitam nos motores de busca e que são alvo de otimização para melhorar o tráfego orgânico.

2. SEM (Search Engine Marketing)

- **Google Ads**: Plataforma de publicidade do Google para criação de anúncios pagos que aparecem nos resultados de busca e em outros sites parceiros.

- **PPC (Pay-Per-Click)**: Modelo de publicidade onde o anunciante paga uma taxa cada vez que seu anúncio é clicado.

3. Marketing de Conteúdo

- **Blogging**: Criação e manutenção de um blog com conteúdo relevante e útil para atrair e engajar o público-alvo.

- **Viral Marketing**: Estratégias de conteúdo que incentivam o compartilhamento rápido e massivo, aumentando a visibilidade da marca.

4. Mídias Sociais

- **Engajamento**: Interações do público com o conteúdo da marca, como curtidas, comentários, compartilhamentos e menções.

- **Influenciadores**: Pessoas com grande número de seguidores e autoridade em nichos específicos, que promovem produtos e serviços para seu público.

5. Email Marketing

- **Lista de Emails**: Coleção de endereços de email coletados para campanhas de marketing direcionadas.

- **Taxa de Abertura**: Percentual de emails abertos em relação ao total de emails enviados.

- **CTR (Click-Through Rate)**: Percentual de cliques em relação ao número de emails abertos.

6. Publicidade Online

- **CPM (Cost Per Mille)**: Custo por mil impressões, ou seja, quanto custa para exibir um anúncio mil vezes.

- **CPC (Cost Per Click)**: Custo por clique, quanto o anunciante paga cada vez que seu anúncio é clicado.

- **CPA (Cost Per Acquisition)**: Custo por aquisição, quanto o anunciante paga por cada conversão ou ação desejada (como uma venda ou inscrição).

7. Analytics e Métricas

- **KPI (Key Performance Indicator)**: Indicadores-chave de desempenho usados para medir o sucesso de uma campanha.

- **ROI (Return on Investment)**: Retorno sobre o investimento, calculado como a relação entre o lucro obtido e o custo da campanha.

- **Bounce Rate**: Taxa de rejeição, percentual de visitantes que deixam um site após visualizar apenas uma página.

8. Automação de Marketing

- **CRM (Customer Relationship Management)**: Sistemas que ajudam a gerenciar interações com clientes e leads.

- **Lead Nurturing**: Processo de construir relacionamentos com potenciais clientes através de conteúdo relevante e comunicação contínua até que estejam prontos para comprar.

9. *Inbound Marketing*

- **Funil de Vendas**: Modelo que descreve as etapas pelas quais um cliente potencial passa, desde a conscientização até a decisão de compra.

- **Conversão**: Ação desejada realizada pelo visitante, como preencher um formulário, inscrever-se em uma newsletter ou realizar uma compra.

10. *E-commerce*

- **Checkout**: Processo final de uma compra online, onde o cliente fornece informações de pagamento e finaliza a compra.

- **Carrinho Abandonado**: Situação em que o cliente adiciona itens ao carrinho de compras, mas não finaliza a compra.

Compreender esses conceitos e termos é fundamental para navegar no universo do Marketing Digital. Eles fornecem a base para desenvolver, implementar e avaliar estratégias eficazes que possam alcançar e engajar o público-alvo de maneira eficiente e mensurável.

Planejamento de Marketing Digital

Pesquisa de mercado e análise de concorrência

A pesquisa de mercado no Marketing Digital é essencial para entender o ambiente em que uma empresa opera, identificar oportunidades e ameaças, e desenvolver estratégias eficazes. Aqui estão os principais passos e métodos envolvidos:

1. **Definição de Objetivos**

    - **Objetivos de Pesquisa**: Determinar o que você deseja descobrir com a pesquisa, como entender melhor seu público-alvo, avaliar a demanda por um produto ou identificar tendências de mercado.

2. **Coleta de Dados**

    - **Dados Primários**: Informações coletadas diretamente através de métodos como:

        - **Pesquisas Online**: Questionários distribuídos por email, redes sociais ou no próprio site da empresa.

        - **Entrevistas e Grupos Focais**: Discussões detalhadas com indivíduos ou grupos selecionados para obter insights qualitativos.

- **Testes A/B**: Experimentos comparando duas versões de um conteúdo ou anúncio para ver qual performa melhor.

o **Dados Secundários**: Informações já existentes, coletadas por outras fontes, como:

- **Relatórios de Mercado**: Estudos realizados por empresas de pesquisa de mercado.

- **Dados de Competidores**: Informações disponíveis publicamente sobre concorrentes, como relatórios financeiros e press releases.

- **Dados Públicos**: Estatísticas e estudos disponibilizados por órgãos governamentais e organizações.

3. **Análise de Dados**

    o **Segmentação de Mercado**: Dividir o mercado em segmentos distintos com base em características como demografia, comportamento, localização geográfica e interesses.

- **Persona de Marketing**: Criação de perfis detalhados de clientes ideais com base nas características e comportamentos dos segmentos identificados.

- **Análise PESTEL**: Avaliação dos fatores políticos, econômicos, sociais, tecnológicos, ambientais e legais que podem impactar o mercado.

Análise de Concorrência

A análise de concorrência é o processo de identificar e avaliar os concorrentes no mercado para entender suas estratégias, pontos fortes e fracos. Aqui estão os passos e métodos principais:

1. **Identificação dos Concorrentes**

    - **Concorrentes Diretos**: Empresas que oferecem produtos ou serviços semelhantes aos seus.

    - **Concorrentes Indiretos**: Empresas que oferecem soluções alternativas que podem atender às mesmas necessidades dos seus clientes.

2. **Coleta de Informações sobre Concorrentes**

    - **Sites e Blogs**: Análise do conteúdo, SEO, design e funcionalidades dos sites dos concorrentes.

    - **Redes Sociais**: Monitoramento das atividades, engajamento e campanhas publicitárias nas mídias sociais.

- **Anúncios Pagos**: Avaliação das estratégias de publicidade paga, como Google Ads e anúncios em redes sociais.

- **Ferramentas de Análise Competitiva**: Uso de ferramentas como SEMrush, Ahrefs e SimilarWeb para obter dados sobre tráfego, palavras-chave e backlinks dos concorrentes.

3. **Análise SWOT dos Concorrentes**

    - **Forças (Strengths)**: O que os concorrentes fazem bem? Quais são suas vantagens competitivas?

    - **Fraquezas (Weaknesses)**: Onde os concorrentes estão falhando? Quais são suas desvantagens?

    - **Oportunidades (Opportunities)**: Quais tendências ou lacunas no mercado podem ser exploradas?

    - **Ameaças (Threats)**: Quais desafios os concorrentes enfrentam que também podem afetar seu negócio?

4. **Benchmarking**

    - **Comparação de Desempenho**: Medir o desempenho da sua empresa em relação aos concorrentes em áreas como SEO, mídias sociais, conteúdo e publicidade paga.

- **Melhores Práticas**: Identificar as melhores práticas do setor e implementar melhorias contínuas.

A pesquisa de mercado e a análise de concorrência são fundamentais para o sucesso no Marketing Digital. Elas fornecem insights valiosos sobre o ambiente de negócios, o comportamento do consumidor e as estratégias dos concorrentes. Com essas informações, as empresas podem tomar decisões informadas, adaptar suas estratégias e se posicionar de forma competitiva no mercado digital.

Definição de objetivos e metas SMART

Definição de Objetivos

Os objetivos de marketing digital são declarações amplas que descrevem o que você deseja alcançar com suas atividades de marketing. Eles fornecem direção e foco para suas campanhas e esforços gerais. Aqui estão alguns exemplos de objetivos de marketing digital:

1. **Aumentar a Visibilidade da Marca**
   - Melhorar a presença online através de SEO e campanhas de mídia social.

2. **Gerar Leads Qualificados**

- Aumentar o número de leads através de landing pages otimizadas e formulários de captura de email.

3. **Aumentar as Vendas Online**

    - Melhorar as taxas de conversão do site e implementar estratégias de remarketing.

4. **Melhorar o Engajamento com o Público**

    - Aumentar a interação nas mídias sociais e através de campanhas de email marketing.

5. **Fidelizar Clientes**

    - Implementar programas de fidelidade e campanhas de retenção de clientes.

Metas SMART

Para que os objetivos sejam eficazes, eles devem ser convertidos em metas específicas que sejam mensuráveis e alcançáveis. As metas SMART são um método popular para definir metas claras e realizáveis. SMART é um acrônimo para:

- Specific (Específica)
- Measurable (Mensurável)
- Achievable (Alcançável)

- **Relevant (Relevante)**
- **Time-bound (Temporal)**

Exemplos de Metas SMART

1. **Aumentar a Visibilidade da Marca**

    o **Meta SMART**: Aumentar o tráfego orgânico do site em 25% nos próximos 6 meses através de otimização de SEO e criação de conteúdo relevante.

2. **Gerar Leads Qualificados**

    o **Meta SMART**: Gerar 50 novos leads qualificados por mês através de campanhas de Google Ads e landing pages otimizadas até o final do ano.

3. **Aumentar as Vendas Online**

    o **Meta SMART**: Aumentar as vendas online em 15% nos próximos 3 meses através da implementação de estratégias de upselling e remarketing.

4. **Melhorar o Engajamento com o Público**

    o **Meta SMART**: Aumentar a taxa de engajamento nas redes sociais (curtidas, comentários, compartilhamentos) em 20% nos próximos 4 meses através de conteúdo interativo e campanhas de mídia social.

5. **Fidelizar Clientes**

    o **Meta SMART**: Aumentar a taxa de retenção de clientes em 10% nos próximos 6 meses através de um programa de fidelidade e campanhas de email marketing personalizadas.

Como Definir Metas SMART

1. **Specific (Específica)**

    o Defina claramente o que você deseja alcançar. Evite metas vagas.

    o **Exemplo**: Em vez de "Aumentar o engajamento nas mídias sociais", use "Aumentar a taxa de engajamento no Instagram em 20%".

2. **Measurable (Mensurável)**

    o Certifique-se de que você pode medir seu progresso e saber quando a meta foi atingida.

    o **Exemplo**: Usar métricas como taxa de cliques (CTR), taxa de conversão ou número de novos leads.

3. **Achievable (Alcançável)**

- Estabeleça metas que sejam realistas e possíveis de alcançar com os recursos disponíveis.

- **Exemplo**: Se sua empresa é pequena, talvez não seja realista dobrar o número de leads em um mês, mas um aumento de 10-20% pode ser viável.

4. **Relevant (Relevante)**

    - Certifique-se de que a meta está alinhada com os objetivos gerais do negócio.

    - **Exemplo**: Se o objetivo é aumentar as vendas, uma meta relevante poderia ser aumentar o tráfego para páginas de produtos específicos.

5. **Time-bound (Temporal)**

    - Estabeleça um prazo para atingir a meta. Isso cria um senso de urgência e permite o monitoramento do progresso.

    - **Exemplo**: "Aumentar o tráfego do site em 20% nos próximos 6 meses."

Definir objetivos e metas SMART no marketing digital é crucial para garantir que suas estratégias sejam claras, focadas e mensuráveis. Metas bem definidas ajudam a orientar os esforços da equipe, otimizar recursos e avaliar o sucesso das campanhas, levando a resultados mais eficazes e um ROI (retorno sobre o investimento) melhor.

Desenvolvimento de personas e segmentação de público-alvo

Desenvolvimento de Personas

Personas são representações fictícias de seus clientes ideais, baseadas em dados reais e suposições fundamentadas sobre demografia, comportamentos, motivações e objetivos. Elas ajudam a humanizar o público-alvo e a criar estratégias de marketing mais eficazes e personalizadas.

Passos para Criar Personas

1. **Coleta de Dados**

    o **Dados Demográficos**: Idade, gênero, renda, localização, estado civil, educação, profissão.

    o **Dados Psicográficos**: Interesses, valores, estilos de vida, atitudes.

    o **Dados Comportamentais**: Padrões de compra, uso de produtos, canais de comunicação preferidos.

    o **Fontes de Dados**: Pesquisa de mercado, entrevistas, feedbacks de clientes, análises de redes sociais, dados de CRM.

2. **Identificação de Padrões**

    o   Analise os dados coletados para identificar características e comportamentos comuns entre seus clientes.

    o   Agrupe clientes com características semelhantes em segmentos.

3. **Criação das Personas**

    o   Dê nomes e características detalhadas às personas para torná-las mais reais.

    o   Inclua informações como:

    - **Nome e Foto**: Para humanizar a persona.

    - **Dados Demográficos**: Idade, ocupação, renda, localização.

    - **História Pessoal**: Breve descrição da vida e contexto da persona.

    - **Motivações e Objetivos**: O que a persona deseja alcançar.

    - **Desafios e Problemas**: Principais dificuldades e necessidades da persona.

- **Comportamento Online**: Como a persona utiliza a internet e as redes sociais.

Exemplo de Persona

Nome: Ana Silva
Idade: 32 anos
Profissão: Gerente de Marketing
Localização: São Paulo, SP
Renda: R$ 8.000/mês
Interesses: Tecnologia, redes sociais, tendências de marketing
Motivações: Melhorar suas habilidades profissionais, encontrar soluções inovadoras para sua empresa
Desafios: Falta de tempo para se atualizar, necessidade de ferramentas eficientes
Comportamento Online: Passa muito tempo no LinkedIn, lê blogs de marketing, participa de webinars

Segmentação de Público-Alvo

A segmentação de público-alvo envolve dividir o mercado em grupos específicos de consumidores com base em características e comportamentos comuns. Isso permite criar campanhas de marketing mais direcionadas e eficazes.

Tipos de Segmentação

1. **Segmentação Demográfica**

- **Características**: Idade, gênero, renda, educação, estado civil, ocupação.
- **Exemplo**: Segmentar um produto de luxo para consumidores com renda alta.

2. **Segmentação Geográfica**

    - **Características**: Localização, clima, densidade populacional, região.
    - **Exemplo**: Promover roupas de inverno em regiões com clima frio.

3. **Segmentação Psicográfica**

    - **Características**: Estilo de vida, interesses, valores, atitudes.
    - **Exemplo**: Segmentar produtos de fitness para pessoas interessadas em saúde e bem-estar.

4. **Segmentação Comportamental**

    - **Características**: Padrões de compra, uso de produtos, fidelidade à marca, estágio do ciclo de vida do cliente.
    - **Exemplo**: Oferecer promoções para clientes que compram com frequência ou para novos clientes.

Passos para Segmentar o Público-Alvo

1. **Análise de Dados**

   o Utilize dados de vendas, pesquisas de mercado, análises de site e redes sociais para identificar padrões e comportamentos.

2. **Definição de Critérios de Segmentação**

   o Escolha os critérios mais relevantes para seu negócio e objetivos de marketing.

3. **Divisão do Mercado**

   o Separe o mercado em segmentos distintos com base nos critérios definidos.

4. **Avaliação e Seleção de Segmentos**

   o Avalie o tamanho, potencial de crescimento, acessibilidade e lucratividade de cada segmento.

   o Escolha os segmentos que melhor se alinham com seus objetivos e recursos.

5. **Desenvolvimento de Estratégias de Marketing**

   o Crie campanhas de marketing personalizadas para cada segmento, considerando suas características e necessidades específicas.

Desenvolver personas e segmentar o público-alvo são etapas fundamentais no Marketing Digital. Elas permitem entender melhor os consumidores, criar campanhas mais eficazes e melhorar a experiência do cliente. Com uma abordagem direcionada, é possível otimizar os recursos de marketing, aumentar o engajamento e alcançar melhores resultados.

Elaboração de um plano de marketing digital

Um plano de marketing digital é um documento estratégico que guia todas as ações de marketing online de uma empresa. Ele ajuda a definir objetivos claros, identificar o público-alvo, escolher as táticas adequadas e medir o sucesso das campanhas. Aqui estão os passos principais para elaborar um plano de marketing digital eficaz:

1. Análise de Situação

Análise SWOT

- **Forças (Strengths)**: O que a empresa faz bem? Quais são seus recursos únicos?

- **Fraquezas (Weaknesses)**: Onde a empresa precisa melhorar?

- **Oportunidades (Opportunities)**: Quais são as oportunidades de crescimento no mercado?

- **Ameaças (Threats)**: Quais são os desafios externos que a empresa enfrenta?

Análise Competitiva

- Identificar os principais concorrentes e analisar suas estratégias de marketing digital.

- Avaliar o desempenho dos concorrentes em áreas como SEO, mídias sociais, publicidade paga e conteúdo.

Análise de Mercado

- Identificar tendências de mercado, comportamento do consumidor e oportunidades emergentes.

- Utilizar ferramentas como Google Trends e relatórios de mercado para obter insights.

2. Definição de Objetivos e Metas SMART

Objetivos Gerais

- Aumentar a visibilidade da marca.

- Gerar leads qualificados.

- Aumentar as vendas online.

- Melhorar o engajamento com o público.

- Fidelizar clientes.

Metas SMART

- **Específicas**: Claramente definidas.
- **Mensuráveis**: Com indicadores de desempenho claros.
- **Alcançáveis**: Realistas e viáveis.
- **Relevantes**: Alinhadas com os objetivos gerais do negócio.
- **Temporais**: Com prazos definidos para a realização.

3. Desenvolvimento de Personas

- Criação de perfis detalhados de clientes ideais com base em dados demográficos, psicográficos e comportamentais.
- Utilização de personas para orientar a criação de conteúdo e a segmentação de campanhas.

4. Segmentação de Público-Alvo

- Divisão do mercado em segmentos com base em características demográficas, geográficas, psicográficas e comportamentais.
- Identificação dos segmentos mais lucrativos e alinhados com os objetivos da empresa.

5. Seleção de Canais e Táticas de Marketing

SEO (Search Engine Optimization)

- Otimização do site para motores de busca.
- Criação de conteúdo relevante e de alta qualidade.
- Construção de backlinks e melhoria da autoridade do site.

Publicidade Paga (PPC)

- Criação de campanhas no Google Ads e redes sociais.
- Segmentação precisa de anúncios com base em dados demográficos e comportamentais.
- Monitoramento e otimização de campanhas para maximizar o ROI.

Marketing de Conteúdo

- Desenvolvimento de um calendário editorial.
- Criação de blogs, vídeos, infográficos e outros tipos de conteúdo.
- Distribuição de conteúdo através de blogs, redes sociais e newsletters.

Marketing de Mídias Sociais

- Escolha das plataformas de mídia social mais relevantes para o público-alvo.

- Criação de um plano de postagem e engajamento.

- Uso de anúncios pagos em redes sociais para aumentar o alcance.

Email Marketing

- Criação de listas de emails segmentadas.

- Desenvolvimento de campanhas de nutrição de leads.

- Medição de taxas de abertura, cliques e conversões.

Automação de Marketing

- Implementação de ferramentas de automação para otimizar campanhas de email e nutrição de leads.

- Personalização de mensagens com base no comportamento do usuário.

6. Criação e Distribuição de Conteúdo

- Desenvolvimento de conteúdo de alta qualidade e relevante para o público-alvo.

- Uso de palavras-chave estratégicas para melhorar o SEO.

- Distribuição de conteúdo através de blogs, redes sociais, emails e outros canais.

7. Implementação do Plano

- Definição de um cronograma detalhado para a execução das táticas de marketing.

- Alocação de recursos e responsabilidades entre os membros da equipe.

- Monitoramento contínuo do progresso e ajustes conforme necessário.

8. Medição e Análise de Resultados

Métricas e KPIs

- Tráfego do site.

- Taxa de conversão.

- Custo por lead.

- ROI (Retorno sobre Investimento).

- Engajamento nas mídias sociais.

Ferramentas de Análise

- Google Analytics.

- Ferramentas de SEO como SEMrush e Ahrefs.

- Plataformas de automação de marketing como HubSpot.

Avaliação e Ajuste

- Análise regular dos resultados e comparação com as metas estabelecidas.

- Identificação de áreas de melhoria e ajuste das estratégias conforme necessário.

Elaborar um plano de marketing digital envolve uma abordagem estratégica e detalhada para garantir que todos os aspectos do marketing online sejam considerados e otimizados. Ao seguir esses passos, as empresas podem criar campanhas eficazes, alcançar seus objetivos de marketing e medir o sucesso de suas iniciativas digitais.

Marketing de Conteúdo

Criação e curadoria de conteúdo

O marketing de conteúdo envolve a criação, curadoria e distribuição de materiais informativos e valiosos para atrair e engajar um público-alvo específico. Aqui estão os principais aspectos da criação e curadoria de conteúdo para uma estratégia eficaz:

Criação de Conteúdo

1. **Identificação de Temas e Tópicos**

    o **Pesquisa de Palavras-chave**: Utilize ferramentas como o Google Keyword Planner, SEMrush, Ahrefs para identificar termos relevantes para seu público-alvo.

    o **Análise de Tendências**: Esteja atento às tendências atuais e às necessidades do seu público.

2. **Desenvolvimento de um Calendário Editorial**

    o **Planejamento**: Estabeleça um cronograma de publicações com base nos temas identificados.

    o **Diversificação**: Inclua diferentes formatos de conteúdo como artigos de blog, vídeos, infográficos, ebooks, webinars, podcasts, entre outros.

3. **Produção de Conteúdo de Qualidade**

    o **Escrita Persuasiva**: Escreva de maneira clara, concisa e que ressoe com o público-alvo.

    o **Design Visual Atraente**: Utilize elementos visuais como imagens, gráficos e vídeos para aumentar o engajamento.

4. **Otimização para SEO**

    o **Uso de Palavras-chave**: Integre palavras-chave estrategicamente no conteúdo para melhorar o ranking nos motores de busca.

    o **SEO On-Page**: Otimize meta descrições, tags de título, URLs e estrutura de cabeçalhos.

5. **Call-to-Actions (CTAs)**

    o Inclua chamadas à ação claras e direcionadas para encorajar ações específicas do público-alvo, como assinar uma newsletter, fazer download de um ebook ou assistir a um vídeo.

Curadoria de Conteúdo

A curadoria de conteúdo envolve a seleção e compartilhamento de materiais relevantes de outras fontes para complementar sua estratégia de marketing de conteúdo.

1. **Fontes de Conteúdo**

    o Identifique fontes confiáveis e autoritativas que produzem conteúdo relevante para seu público-alvo.

    o Acompanhe blogs, sites de notícias, influenciadores e redes sociais para descobrir conteúdo valioso.

2. **Avaliação de Conteúdo**

    o **Relevância**: Escolha conteúdo que seja relevante e útil para seu público-alvo.

    o **Qualidade**: Verifique se o conteúdo é bem escrito, informativo e de alta qualidade.

3. **Compartilhamento Estratégico**

    o Utilize plataformas de mídia social, newsletters ou blogs para compartilhar o conteúdo selecionado.

    o Adicione sua perspectiva ou comentários para contextualizar o conteúdo para seu público.

4. **Atribuição de Créditos**

    o Sempre dê crédito ao autor original do conteúdo compartilhado, incluindo links para a fonte original.

Benefícios da Criação e Curadoria de Conteúdo

- **Atração de Tráfego Qualificado**: Conteúdo relevante atrai visitantes interessados em seu nicho ou indústria.

- **Engajamento do Público**: Bom conteúdo cria conexões emocionais e incentiva interações.

- **Autoridade de Marca**: Produzir e compartilhar conteúdo valioso estabelece sua marca como uma autoridade no setor.

- **SEO**: Conteúdo otimizado melhora o ranking nos motores de busca, aumentando a visibilidade online.

- **Geração de Leads**: CTAs bem posicionados direcionam os visitantes para ações que podem levar à conversão.

A criação e curadoria de conteúdo são fundamentais para uma estratégia eficaz de marketing digital. Ao criar conteúdo valioso e relevante, e ao compartilhar conteúdo cuidadosamente selecionado de outras fontes, as empresas podem aumentar o engajamento do público, melhorar a visibilidade online e construir relacionamentos duradouros com seus clientes e seguidores.

Tipos de conteúdo (blog posts, vídeos, infográficos, etc.)

No marketing digital, existem diversos tipos de conteúdo que podem ser utilizados para atrair, engajar e converter o público-alvo. Cada tipo de conteúdo tem suas próprias características e benefícios, sendo adequado para diferentes objetivos e preferências do público. Aqui estão alguns dos principais tipos de conteúdo:

1. **Blog Posts**

    - **Descrição**: Artigos escritos publicados em um blog.

    - **Benefícios**:

        o **SEO**: Melhora o ranking nos motores de busca com conteúdo otimizado para palavras-chave.

        o **Autoridade**: Estabelece a empresa como uma autoridade no setor.

        o **Engajamento**: Facilita discussões e comentários dos leitores.

2. **Vídeos**

    - **Descrição**: Conteúdo audiovisual que pode incluir tutoriais, entrevistas, vídeos educativos, entre outros.

    - **Benefícios**:

        o **Engajamento**: Atraente e visualmente estimulante.

        o **Compartilhamento**: Propenso a ser compartilhado em redes sociais.

        o **Demonstração**: Ideal para mostrar produtos ou explicar processos complexos.

3. **Infográficos**

- **Descrição**: Representação visual de informações ou dados complexos de forma clara e concisa.

- **Benefícios**:

    o **Visualização**: Facilita a compreensão de informações complexas.

    o **Compartilhamento**: Tendem a ser compartilhados amplamente em redes sociais.

    o **SEO**: Pode gerar backlinks devido ao seu apelo visual e informativo.

4. Ebooks

- **Descrição**: Livros digitais que abordam um tema específico em profundidade.

- **Benefícios**:

    o **Geração de Leads**: Usados como ímãs de leads, requerem o preenchimento de formulários para download.

    o **Autoridade**: Posiciona a empresa como um recurso de conhecimento.

    o **Educação**: Oferece valor substancial ao leitor em troca de informações de contato.

5. Estudos de Caso

- **Descrição**: Descrições detalhadas de projetos ou situações de sucesso com clientes.

- **Benefícios**:
    - **Credibilidade**: Mostra como a empresa resolve problemas reais.
    - **Influência**: Ajuda potenciais clientes a visualizar benefícios específicos.

6. **Webinars e Podcasts**

- **Webinars**:
    - **Descrição**: Seminários online ao vivo ou gravados sobre tópicos específicos.
    - **Benefícios**: Interação em tempo real, engajamento direto com o público.

- **Podcasts**:
    - **Descrição**: Programas de áudio que exploram diversos temas.
    - **Benefícios**: Ideal para consumidores que preferem conteúdo em áudio e podem ser ouvidos em movimento.

7. **Whitepapers e Guias**

- **Whitepapers:**

    - **Descrição**: Documentos técnicos ou educacionais que exploram um problema, solução ou tecnologia específica.

    - **Benefícios**: Demonstra experiência e profundidade em um assunto.

- **Guias:**

    - **Descrição**: Orientações passo a passo sobre um processo ou tema específico.

    - **Benefícios**: Práticos e educativos, ajudam os usuários a resolver problemas específicos.

8. Posts em Redes Sociais

- **Descrição**: Atualizações curtas e diretas publicadas em plataformas como Facebook, Instagram, LinkedIn e Twitter.

- **Benefícios**:

    - **Engajamento**: Facilita a interação rápida e direta com seguidores.

    - **Alcance**: Pode ser usado para compartilhar outros tipos de conteúdo e direcionar tráfego para o site da empresa.

Escolha de Tipos de Conteúdo

A escolha do tipo de conteúdo depende dos objetivos de marketing, do público-alvo e dos recursos disponíveis. Uma estratégia eficaz muitas vezes incorpora uma combinação desses tipos de conteúdo para maximizar o impacto e atingir diferentes segmentos de audiência de maneira eficaz.

Estratégias de conteúdo para diferentes plataformas

Para desenvolver estratégias de conteúdo eficazes em diferentes plataformas de marketing digital, é essencial adaptar o conteúdo às características e ao comportamento do público em cada uma delas. Aqui estão algumas estratégias específicas para algumas das principais plataformas:

Estratégias de Conteúdo por Plataforma

1. Blog

- **Objetivo**: Educar, informar e posicionar sua empresa como líder de pensamento em seu setor.

- **Estratégias**:
    - **SEO**: Utilizar palavras-chave relevantes e otimizar meta descrições, títulos e URLs.
    - **Atualizações Regulares**: Criar um calendário editorial consistente.

- Call-to-Actions (CTAs): Incluir CTAs relevantes para direcionar o tráfego para páginas de conversão.

2. Redes Sociais

- **Objetivo**: Engajar o público, construir relacionamentos e aumentar o reconhecimento da marca.

- **Estratégias**:

    - **Conteúdo Visual**: Usar imagens e vídeos atraentes.

    - **Conteúdo Interativo**: Enquetes, concursos, perguntas e respostas.

    - **Hashtags**: Utilizar hashtags relevantes para aumentar o alcance.

    - **Horários de Pico**: Publicar durante os horários em que seu público está mais ativo.

3. YouTube

- **Objetivo**: Alcançar um público visual e educar através de vídeos.

- **Estratégias**:

    - **SEO para Vídeos**: Utilizar palavras-chave no título, descrição e tags.

- **Playlist**: Organizar vídeos em playlists para facilitar a navegação.

- **Colaborações**: Trabalhar com influenciadores ou outras marcas para aumentar o alcance.

4. *LinkedIn*

- **Objetivo**: Networking profissional, geração de leads e compartilhamento de conteúdo empresarial.

- **Estratégias**:

    - **Conteúdo Profissional**: Artigos de thought leadership, estudos de caso e atualizações de empresa.

    - **Grupos e Comunidades**: Participar de discussões relevantes e construir conexões.

    - **Publicidade**: Utilizar LinkedIn Ads para segmentar profissionais específicos.

5. *Instagram*

- **Objetivo**: Compartilhar conteúdo visualmente atraente e aumentar o engajamento.

- **Estratégias**:

    - **Stories**: Utilizar Stories para compartilhar conteúdo temporário e interativo.

- IGTV: Publicar vídeos longos e tutoriais.

- **Conteúdo UGC (User Generated Content)**: Compartilhar conteúdo criado por seguidores.

6. *Email Marketing*

- **Objetivo**: Nutrir leads, promover produtos/serviços e aumentar as conversões.

- **Estratégias**:

    - **Segmentação**: Segmentar listas de emails com base em interesses e comportamentos.

    - **Automação**: Utilizar fluxos de trabalho automatizados para enviar emails personalizados.

    - **Conteúdo Valioso**: Oferecer conteúdo exclusivo, como ebooks, whitepapers e atualizações de blog.

7. *Pinterest*

- **Objetivo**: Compartilhar inspirações visuais e aumentar o tráfego para o site.

- **Estratégias**:

    - **Pins Visuais Atraentes**: Criar pins com imagens de alta qualidade.

- **SEO para Pins**: Utilizar palavras-chave no título, descrição e categorias.

- **Bordas e Texto**: Adicionar texto descritivo e bordas aos pins para aumentar a visibilidade.

Dicas Gerais

- **Consistência**: Manter uma presença regular e consistente em todas as plataformas.

- **Análise de Resultados**: Monitorar métricas de desempenho para ajustar e otimizar suas estratégias.

- **Adaptação**: Personalizar o conteúdo de acordo com as características únicas de cada plataforma e seu público-alvo específico.

Ao adaptar suas estratégias de conteúdo para cada plataforma, você pode maximizar o alcance, engajamento e impacto de suas campanhas de marketing digital, alcançando assim melhores resultados para sua empresa.

SEO (Otimização para Mecanismos de Busca)

SEO (Search Engine Optimization) é um conjunto de práticas e técnicas para otimizar um site e melhorar sua visibilidade nos resultados dos mecanismos de busca, como o Google, Bing e outros. O objetivo é aumentar o tráfego orgânico, ou seja, o número de visitantes que chegam ao seu site através de resultados de busca não pagos. Aqui estão os principais aspectos do SEO:

Elementos-Chave do SEO

1. Palavras-Chave

- **Definição**: Termos e frases que os usuários pesquisam nos mecanismos de busca.

- **Uso**: Integrar palavras-chave relevantes em títulos, subtítulos, texto do corpo, meta descrições, URLs e tags de imagem.

- **Ferramentas**: Google Keyword Planner, SEMrush, Ahrefs para pesquisa de palavras-chave e análise de concorrência.

2. Conteúdo de Qualidade

- **Definição**: Conteúdo relevante, informativo e útil para os usuários.

- **Importância**: Sites com conteúdo valioso têm maior probabilidade de serem classificados mais alto nos resultados de pesquisa.

- **Dicas**: Escrever para humanos primeiro, otimizar para SEO depois; manter o conteúdo atualizado e relevante.

3. Link Building

- **Definição**: Obter links de outros sites relevantes para o seu, também conhecido como backlinks.

- **Importância**: Backlinks são vistos pelos mecanismos de busca como votos de confiança e autoridade.

- **Táticas**: Guest posting, parcerias estratégicas, compartilhamento de conteúdo em redes sociais, entre outros.

4. SEO On-Page

- **Definição**: Otimização de elementos dentro do próprio site para melhorar o ranking nos motores de busca.

- **Práticas**: Otimização de meta descrições, títulos, tags de cabeçalho (H1, H2, H3), URLs amigáveis, uso de palavras-chave, tempo de carregamento do site, mobile-friendly, entre outros.

5. SEO Técnico

- **Definição**: Melhorias nos aspectos técnicos do site para facilitar a indexação e rastreamento pelos motores de busca.

- **Exemplos**: Melhoria na estrutura do URL, otimização do arquivo robots.txt, criação de sitemaps XML, uso de HTTPS seguro, correção de erros 404, otimização de velocidade de carregamento, entre outros.

6. *SEO Local*

- **Definição**: Otimização para resultados de busca geograficamente específicos.

- **Importância**: Importante para empresas locais que desejam atrair clientes locais.

- **Táticas**: Registro em listas de negócios locais, otimização de páginas do Google Meu Negócio, avaliações de clientes, menções locais em conteúdo, entre outros.

7. *Análise e Monitoramento*

- **Definição**: Acompanhamento contínuo do desempenho do SEO para ajustar estratégias conforme necessário.

- **Ferramentas**: Google Analytics, Google Search Console, SEMrush, Ahrefs para monitorar tráfego, classificações de palavras-chave, taxa de cliques (CTR), entre outros.

Boas Práticas de SEO

- **Ética**: Evitar práticas de SEO consideradas manipuladoras ou spam.

- **Atualização**: Manter-se atualizado com as mudanças nos algoritmos dos mecanismos de busca.

- **Testes**: Realizar testes A/B para otimizar elementos como títulos, meta descrições e CTAs.

Investir em SEO pode proporcionar resultados significativos a longo prazo, aumentando a visibilidade do seu site, atraindo tráfego qualificado e melhorando a autoridade online da sua marca. Implementar as práticas recomendadas de SEO de forma consistente e adaptada às necessidades específicas do seu negócio pode ajudar a alcançar e superar suas metas de marketing digital.

SEO (Search Engine Optimization)

Fundamentos do SEO

Os fundamentos do SEO (Search Engine Optimization) são essenciais para qualquer estratégia de marketing digital bem-sucedida. Entender e aplicar esses princípios pode ajudar a melhorar a visibilidade do seu site nos resultados de busca e atrair mais tráfego qualificado. Aqui estão os principais fundamentos do SEO:

1. Palavras-Chave

- **Definição**: Termos e frases que os usuários pesquisam nos mecanismos de busca.

- **Uso**: Integrar palavras-chave relevantes em títulos, subtítulos, texto do corpo, meta descrições, URLs e tags de imagem.

- **Ferramentas**: Google Keyword Planner, SEMrush, Ahrefs para pesquisa de palavras-chave e análise de concorrência.

2. Conteúdo de Qualidade

- **Definição**: Conteúdo relevante, informativo e útil para os usuários.

- **Importância**: Sites com conteúdo valioso têm maior probabilidade de serem classificados mais alto nos resultados de pesquisa.

- **Dicas**: Escrever para humanos primeiro, otimizar para SEO depois; manter o conteúdo atualizado e relevante.

3. SEO On-Page

- **Definição**: Otimização de elementos dentro do próprio site para melhorar o ranking nos motores de busca.

- **Práticas**: Otimização de meta descrições, títulos, tags de cabeçalho (H1, H2, H3), URLs amigáveis, uso de palavras-chave, tempo de carregamento do site, mobile-friendly, entre outros.

4. Link Building

- **Definição**: Obter links de outros sites relevantes para o seu, também conhecido como backlinks.

- **Importância**: Backlinks são vistos pelos mecanismos de busca como votos de confiança e autoridade.

- **Táticas**: Guest posting, parcerias estratégicas, compartilhamento de conteúdo em redes sociais, entre outros.

5. SEO Técnico

- **Definição**: Melhorias nos aspectos técnicos do site para facilitar a indexação e rastreamento pelos motores de busca.

- **Exemplos**: Melhoria na estrutura do URL, otimização do arquivo robots.txt, criação de sitemaps XML, uso de HTTPS seguro, correção de erros 404, otimização de velocidade de carregamento, entre outros.

6. SEO Local

- **Definição**: Otimização para resultados de busca geograficamente específicos.

- **Importância**: Importante para empresas locais que desejam atrair clientes locais.

- **Táticas**: Registro em listas de negócios locais, otimização de páginas do Google Meu Negócio, avaliações de clientes, menções locais em conteúdo, entre outros.

7. Análise e Monitoramento

- **Definição**: Acompanhamento contínuo do desempenho do SEO para ajustar estratégias conforme necessário.

- **Ferramentas**: Google Analytics, Google Search Console, SEMrush, Ahrefs para monitorar tráfego, classificações de palavras-chave, taxa de cliques (CTR), entre outros.

Práticas Recomendadas

- **Ética**: Evitar práticas de SEO consideradas manipuladoras ou spam.

- **Atualização**: Manter-se atualizado com as mudanças nos algoritmos dos mecanismos de busca.

- **Testes**: Realizar testes A/B para otimizar elementos como títulos, meta descrições e CTAs.

Benefícios do SEO

- **Visibilidade**: Melhora a posição nos resultados de busca.

- **Tráfego Qualificado**: Atrai visitantes interessados nos produtos ou serviços oferecidos.

- **Autoridade**: Estabelece a empresa como uma referência no setor.

Dominar os fundamentos do SEO é crucial para aumentar a visibilidade online, atrair tráfego qualificado e alcançar o sucesso a longo prazo nas estratégias de marketing digital. Implementar esses princípios de forma consistente e adaptada às necessidades específicas do seu negócio pode ajudar a alcançar e superar suas metas de SEO.

Pesquisa de palavras-chave

A pesquisa de palavras-chave é uma parte fundamental do SEO, pois ajuda a identificar os termos e frases que os usuários estão buscando nos mecanismos de busca. Aqui estão os passos básicos para realizar uma pesquisa de palavras-chave eficaz:

Passos para Realizar uma Pesquisa de Palavras-Chave

1. Entenda seu Público-Alvo e Objetivos

- **Defina seu público-alvo**: Quem são seus clientes ideais e quais são suas necessidades?

- **Objetivos**: O que você espera alcançar com a pesquisa de palavras-chave? Aumento de tráfego, conversões, branding?

2. Brainstorm de Palavras-Chave

- **Ideias Iniciais**: Liste palavras e frases que se relacionam com seus produtos, serviços e negócio em geral.

- **Sinônimos e Variações**: Considere variações, sinônimos e termos relacionados às suas palavras-chave principais.

3. Utilize Ferramentas de Pesquisa de Palavras-Chave

Existem várias ferramentas úteis para realizar a pesquisa de palavras-chave:

- **Google Keyword Planner**: Gratuito, oferece estimativas de tráfego para palavras-chave específicas e sugestões de novas palavras-chave com base em termos relacionados.

- **SEMrush**: Oferece insights detalhados sobre palavras-chave, competição, tendências e análise de tráfego.

- **Ahrefs**: Fornece dados sobre volume de pesquisa, dificuldade de palavra-chave, análise de concorrentes e muito mais.

- **Google Trends**: Mostra a popularidade relativa de termos de pesquisa ao longo do tempo e por região geográfica.

- **Answer The Public**: Gera perguntas e sugestões de pesquisa relacionadas com base em uma palavra-chave principal.

4. Critérios de Seleção de Palavras-Chave

- **Volume de Busca**: O número médio de vezes que uma palavra-chave é pesquisada em um período de tempo específico.

- **Competição**: A dificuldade de classificar para uma palavra-chave específica com base na concorrência existente.

- **Relevância**: A palavra-chave deve estar diretamente relacionada ao seu negócio, produtos ou serviços.

5. Análise da Concorrência

- **Identifique Competidores**: Veja quais palavras-chave estão sendo usadas por seus concorrentes diretos.

- **Avalie Estratégias**: Analise como seus concorrentes estão usando essas palavras-chave em seus sites e conteúdos.

6. Refine sua Lista de Palavras-Chave

- **Seleção Final**: Escolha as palavras-chave mais relevantes, com bom volume de pesquisa e competitividade alcançável.

- **Priorização**: Classifique suas palavras-chave com base na importância estratégica e nos objetivos de SEO.

Dicas Adicionais

- **Long-Tail Keywords**: Considere palavras-chave de cauda longa (com três ou mais palavras), que geralmente têm menos competição e são mais específicas.

- **Monitoramento Contínuo**: O comportamento de pesquisa pode mudar, portanto, revise e ajuste suas palavras-chave regularmente.

- **Integração com Estratégias de Conteúdo**: Use suas palavras-chave escolhidas para guiar a criação de conteúdo otimizado para SEO em seu site.

Realizar uma pesquisa de palavras-chave eficaz pode ajudar a direcionar sua estratégia de SEO de maneira mais precisa, aumentando suas chances de melhorar o tráfego e as conversões em seu site.

SEO on-page e off-page

SEO é dividido em duas principais categorias: on-page e off-page. Cada uma dessas categorias foca em diferentes aspectos para melhorar a visibilidade de um site nos resultados de busca. Aqui está uma explicação detalhada de SEO on-page e off-page:

SEO On-Page

O SEO on-page refere-se às otimizações realizadas dentro do próprio site para melhorar sua visibilidade nos mecanismos de busca. Ele envolve ajustes técnicos, conteúdo e estrutura do site. Aqui estão os principais elementos do SEO on-page:

1. **Palavras-Chave**:

- Uso estratégico de palavras-chave relevantes no título da página, subtítulos (H1, H2, H3), texto do corpo, meta descrições, URLs e tags de imagem.

- Evitar o excesso de otimização (keyword stuffing), focando na naturalidade e relevância.

2. **Conteúdo de Qualidade**:

    - Publicação regular de conteúdo relevante, útil e original.

    - Textos bem estruturados com uso adequado de cabeçalhos (H1, H2, H3), parágrafos curtos, listas e imagens.

    - Foco na experiência do usuário e na resposta às intenções de pesquisa dos usuários.

3. **SEO Técnico**:

    - Velocidade de carregamento do site otimizada.

    - URLs amigáveis e estrutura hierárquica.

    - Uso de tags HTML apropriadas (como title, meta description, alt para imagens).

    - Mobile-friendly (compatível com dispositivos móveis).

- Configuração correta do arquivo robots.txt, sitemap XML e segurança HTTPS.

4. **Usabilidade e Experiência do Usuário (UX):**

    - Navegação intuitiva e fácil para o usuário.
    - Design responsivo que se adapta a diferentes dispositivos.
    - Tempo de carregamento rápido das páginas.
    - Baixa taxa de rejeição e alta taxa de permanência.

SEO Off-Page

O SEO off-page refere-se às estratégias implementadas fora do site para aumentar sua autoridade e relevância. Isso geralmente envolve a construção de links de qualidade e ações que ajudam a melhorar a reputação do site nos mecanismos de busca. Aqui estão os principais elementos do SEO off-page:

1. **Construção de Backlinks:**

    - Obtenção de links de sites externos relevantes e autoritativos.
    - Links naturais e de qualidade são mais valorizados pelos mecanismos de busca.

- Evitar práticas de construção de links consideradas spam, como compra de links.

2. **Social Signals**:

    - Compartilhamentos, curtidas e comentários em conteúdos nas redes sociais.
    - Indicativos de engajamento e interesse do público em relação ao seu conteúdo.

3. **Autoridade de Domínio**:

    - Métricas como PageRank (Google) ou Domain Authority (DA, Moz) são usadas para avaliar a autoridade de um site.
    - Autoridade de domínio alta pode influenciar positivamente a classificação nos resultados de busca.

4. **Marketing de Conteúdo**:

    - Criação de conteúdo valioso e relevante que atrai naturalmente links de outros sites.
    - Guest posting (publicação de artigos como convidado) em sites relevantes para ampliar o alcance e obter backlinks.

5. **Presença em Redes Sociais**:

- Perfis ativos e participação em redes sociais relevantes para o seu público-alvo.
- Compartilhamento de conteúdo que direcione tráfego de volta para o seu site.

Integração de SEO On-Page e Off-Page

- **Coerência**: As estratégias de SEO on-page e off-page devem ser complementares e alinhadas com os objetivos gerais de marketing.

- **Monitoramento**: Acompanhamento regular das métricas de desempenho e ajustes conforme necessário.

- **Ética**: Evitar práticas manipulativas ou spam que possam resultar em penalidades dos mecanismos de busca.

Ao aplicar uma abordagem integrada de SEO on-page e off-page, você pode melhorar significativamente a visibilidade e o desempenho do seu site nos resultados de busca, aumentando assim o tráfego orgânico e as conversões.

Ferramentas de SEO e análise de desempenho

Para realizar uma análise eficaz de desempenho e implementar estratégias de SEO com sucesso, é crucial utilizar ferramentas especializadas que ofereçam insights detalhados sobre o tráfego, palavras-chave, concorrência e outros aspectos relevantes. Aqui estão algumas das principais ferramentas de SEO que você pode considerar:

Ferramentas de SEO

1. **Google Analytics**

    - **Função**: Monitora o tráfego do site, comportamento dos usuários, conversões e muito mais.

    - **Principais Recursos**: Relatórios detalhados de tráfego, análise de fontes de tráfego, metas e funis de conversão.

2. **Google Search Console**

    - **Função:** Fornece dados sobre como o Google vê seu site nos resultados de pesquisa.

    - **Principais Recursos**: Informações sobre palavras-chave, desempenho de URL, erros de rastreamento, sitemaps e muito mais.

3. **SEMrush**

    - **Função**: Oferece análise competitiva, pesquisa de palavras-chave, monitoramento de posição, auditoria de SEO e muito mais.

    - **Principais Recursos**: Análise de backlinks, auditoria de site, pesquisa de palavras-chave, acompanhamento de posição, relatórios de tráfego e PPC.

4. **Ahrefs**

    o **Função**: Ferramenta abrangente para análise de backlinks, pesquisa de palavras-chave, análise de concorrentes e monitoramento de ranking.

    o **Principais Recursos**: Explorador de sites, rastreamento de posição, análise de backlinks, análise de conteúdo e pesquisa de palavras-chave.

5. **Moz Pro**

    o **Função**: Oferece ferramentas para pesquisa de palavras-chave, análise de links, auditoria de site e monitoramento de posição.

    o **Principais Recursos**: Auditoria de site, análise de autoridade de domínio, pesquisa de palavras-chave, monitoramento de ranking e insights competitivos.

6. **Screaming Frog SEO Spider**

    o **Função**: Ferramenta de rastreamento que ajuda a identificar problemas de SEO no site.

- **Principais Recursos**: Auditoria de SEO on-page, identificação de erros de rastreamento, análise de meta tags e URLs.

7. **BuzzSumo**

    - **Função**: Ferramenta para descobrir quais conteúdos estão performando melhor em termos de compartilhamentos sociais.

    - **Principais Recursos**: Análise de tendências de conteúdo, identificação de influenciadores, monitoramento de concorrência.

Análise de Desempenho e Métricas Importantes

- **Tráfego Orgânico**: Número de visitantes que chegam ao seu site através de resultados de busca não pagos.

- **Taxa de Cliques (CTR)**: Porcentagem de usuários que clicam no seu site em relação ao número de visualizações no mecanismo de busca.

- **Posição de Palavras-Chave**: Ranking das suas páginas para palavras-chave específicas nos mecanismos de busca.

- **Autoridade de Domínio e Página**: Métricas que indicam a relevância e a autoridade do seu site e das páginas individuais.

- **Taxa de Conversão**: Porcentagem de visitantes que realizam uma ação desejada no site, como preencher um formulário ou fazer uma compra.

Como Escolher as Ferramentas Certas

- **Necessidades Específicas**: Avalie quais funcionalidades são essenciais para suas estratégias de SEO e análise de desempenho.

- **Orçamento**: Considere o custo das ferramentas em relação ao seu orçamento disponível.

- **Integração**: Verifique se as ferramentas podem ser integradas com outras plataformas que você já utiliza.

Utilizando essas ferramentas e métricas de forma eficaz, você poderá otimizar suas estratégias de SEO, monitorar o desempenho do site e identificar oportunidades de melhoria contínua para alcançar seus objetivos de marketing digital.

Marketing de Mídias Sociais

Introdução às principais plataformas (Facebook, Instagram, Twitter, LinkedIn, etc.)

Para um curso abrangente sobre Marketing de Mídias Sociais, é fundamental começar com uma introdução às principais plataformas que são utilizadas para estratégias de marketing digital. Aqui está uma visão geral das plataformas mais populares:

Introdução às Principais Plataformas de Mídias Sociais

1. Facebook

- **Descrição**: Maior rede social do mundo, com foco em conexões pessoais, compartilhamento de conteúdo e interações.

- **Uso para Marketing**: Ideal para construção de comunidade, criação de páginas de negócios, anúncios segmentados e compartilhamento de conteúdo visual e escrito.

2. Instagram

- **Descrição**: Plataforma visual focada em fotos e vídeos curtos, com forte apelo estético e de estilo de vida.

- **Uso para Marketing**: Utilizado para branding visual, influenciadores, publicidade visual e engajamento com a comunidade através de hashtags.

3. Twitter

- **Descrição**: Rede social baseada em mensagens curtas de até 280 caracteres, conhecidas como "tweets".

- **Uso para Marketing**: Útil para compartilhamento rápido de notícias, atendimento ao cliente em tempo real, engajamento com hashtags e promoções.

4. LinkedIn

- **Descrição**: Rede social profissional focada em networking, recrutamento e conteúdo profissional.

- **Uso para Marketing**: Ideal para marketing B2B, geração de leads, recrutamento, compartilhamento de conteúdo educacional e networking profissional.

5. YouTube

- **Descrição**: Maior plataforma de compartilhamento de vídeos do mundo.

- **Uso para Marketing**: Estratégias de vídeo marketing, tutoriais, conteúdo educacional, publicidade em vídeo e branding visual.

6. TikTok

- **Descrição**: Plataforma de vídeos curtos e viralidade crescente, especialmente entre um público jovem.

- **Uso para Marketing**: Campanhas virais, desafios, influenciadores, conteúdo divertido e criativo.

7. Pinterest

- **Descrição**: Rede social focada em descoberta visual e organização de ideias através de "pins".

- **Uso para Marketing**: Marketing visual, inspiração de produtos, links diretos para sites, estratégias de SEO visual.

Estratégias Comuns em Mídias Sociais

- **Criação de Conteúdo**: Adaptar conteúdo para cada plataforma, focando nas características únicas de cada uma (ex: fotos no Instagram, tweets no Twitter).

- **Engajamento**: Responder comentários, mensagens diretas e participação ativa em conversas.

- **Análise de Dados**: Utilização de ferramentas analíticas para entender o desempenho das postagens e campanhas.

- **Publicidade Paga**: Uso de plataformas de anúncios integradas para segmentação precisa e alcance de público-alvo.

Considerações Finais

- **Tendências Emergentes**: Esteja atento a novas plataformas e mudanças nas existentes para adaptar suas estratégias.

- **Personalização**: Segmentação e personalização são essenciais para maximizar o impacto das campanhas nas redes sociais.

Com uma introdução sólida às principais plataformas de mídias sociais e suas respectivas estratégias de marketing, os profissionais podem iniciar com conhecimento prático e estratégico para alcançar seus objetivos de marketing digital.

Criação e gestão de perfis sociais

Para criar e gerir perfis sociais eficazmente em plataformas de mídia social, é importante seguir algumas diretrizes fundamentais que ajudarão a maximizar o alcance, o engajamento e a eficácia das suas estratégias de marketing digital. Aqui estão alguns passos essenciais:

Criação de Perfis Sociais

1. **Escolha das Plataformas Adequadas**

    o **Análise de Público**: Identifique onde seu público-alvo está mais ativo.

    o **Objetivos de Marketing**: Determine quais plataformas melhor suportam seus objetivos (ex: LinkedIn para B2B, Instagram para branding visual).

2. **Configuração dos Perfis**

    o **Informações Completas**: Preencha todos os campos de perfil com informações precisas e relevantes.

    o **Imagem de Perfil e Capa**: Utilize imagens de alta qualidade que representem sua marca de forma consistente.

3. **Otimize para SEO**

    o **Palavras-chave**: Inclua palavras-chave relevantes no nome de usuário, bio e descrições.

    o **URL**: Utilize um URL personalizado que seja fácil de lembrar e relacionado à sua marca.

Gestão de Perfis Sociais

1. **Desenvolvimento de Conteúdo**

    o **Planejamento**: Crie um calendário editorial para garantir consistência.

    o **Variedade de Conteúdo**: Utilize diferentes tipos de conteúdo (textos, imagens, vídeos) para manter o interesse.

2. **Engajamento com a Audiência**

- **Respostas Rápidas**: Responda às mensagens, comentários e feedbacks prontamente.
- **Interatividade**: Incentive conversas e interações através de perguntas, enquetes e chamadas para ação.

3. **Análise e Melhoria Contínua**
   - **Métricas de Desempenho**: Utilize ferramentas analíticas para monitorar o desempenho das postagens e campanhas.
   - **Avaliação de Resultados**: Ajuste suas estratégias com base nos dados coletados para melhorar o engajamento e os resultados.

4. **Publicidade e Promoção**
   - **Anúncios Pagos**: Utilize as plataformas de publicidade integradas para segmentar públicos específicos e aumentar o alcance.
   - **Campanhas Promocionais**: Promova produtos, eventos ou conteúdos especiais através de campanhas direcionadas.

Dicas Adicionais

- **Consistência de Marca**: Mantenha uma voz e identidade visual consistentes em todos os perfis sociais.

- **Acompanhamento de Tendências**: Esteja atento às novas funcionalidades das plataformas e às tendências emergentes para explorar novas oportunidades.

- **Feedback e Aprendizado**: Esteja aberto ao feedback dos seguidores e ajuste suas estratégias com base nas experiências e preferências do público.

Ao seguir essas diretrizes para criação e gestão de perfis sociais, você estará melhor posicionado para construir uma presença online forte, engajar seu público-alvo e alcançar seus objetivos de marketing digital de forma eficaz.

Estratégias de engajamento e crescimento de seguidores

Para aumentar o engajamento e o crescimento de seguidores nas redes sociais, é crucial implementar estratégias eficazes que não apenas atraiam, mas também mantenham a atenção e interação do seu público-alvo. Aqui estão algumas estratégias fundamentais:

Estratégias de Engajamento

1. **Conheça seu Público-alvo**

- **Pesquisa de Mercado**: Entenda as necessidades, interesses e comportamentos do seu público para criar conteúdo relevante.

2. **Crie Conteúdo de Qualidade**

    - **Variedade**: Utilize diferentes tipos de conteúdo (textos, imagens, vídeos, infográficos) para diversificar e manter o interesse.

    - **Valor**: Ofereça conteúdo educacional, inspirador, informativo ou divertido que agregue valor aos seguidores.

3. **Interaja Ativamente**

    - **Respostas**: Responda a comentários, mensagens e feedbacks de forma rápida e autêntica.

    - **Perguntas e Enquetes**: Incentive a participação através de perguntas diretas, enquetes e chamadas para ação.

4. **Utilize Hashtags Estrategicamente**

    - **Relevância**: Use hashtags relevantes que ajudem a ampliar o alcance do seu conteúdo para novos públicos interessados.

    - **Pesquisa de Hashtags**: Identifique as mais populares e relevantes para seu nicho ou indústria.

5. **Colaborações e Parcerias**

    - **Influenciadores**: Colabore com influenciadores que tenham um público-alvo semelhante ao seu para alcançar novos seguidores.

    - **Parcerias Estratégicas**: Associe-se a outras marcas ou organizações para aumentar a visibilidade e o alcance.

Estratégias de Crescimento de Seguidores

1. **Optimize o Perfil**

    - **Bio Atrativa**: Utilize uma bio que capture a essência da sua marca e incentive as pessoas a seguir.

    - **Link**: Inclua um link para seu site ou landing page para capturar leads.

2. **Promova Conteúdo de Forma Cruzada**

    - **Integração**: Compartilhe conteúdo de suas redes sociais em outros canais, como email marketing, blogs e newsletters.

    - **Botões de Compartilhamento**: Facilite o compartilhamento do seu conteúdo em outras plataformas sociais.

3. **Concursos e Promoções**

- **Incentivos**: Realize concursos, sorteios ou promoções que incentivem os usuários a seguir sua página e interagir com seu conteúdo.

- **Regras Claras**: Estabeleça regras claras e objetivas para participação e divulgação.

4. **Anúncios Segmentados**

    - **Publicidade Paga**: Utilize plataformas de publicidade social para segmentar seu público-alvo com precisão e aumentar o número de seguidores.

    - **Retargeting**: Retargeting de usuários que já demonstraram interesse em seu conteúdo ou marca.

5. **Analytics e Ajustes**

    - **Monitoramento**: Utilize ferramentas analíticas para monitorar o crescimento de seguidores e o desempenho das suas estratégias.

    - **Ajustes**: Ajuste suas estratégias com base nos dados coletados para melhorar continuamente o engajamento e o crescimento.

Implementando estas estratégias de forma consistente e adaptada ao seu público-alvo, você poderá não apenas aumentar o número de seguidores nas redes sociais, mas também cultivar um engajamento significativo que fortaleça sua presença online e suporte seus objetivos de marketing digital.

Publicidade em mídias sociais (Social Ads)

A publicidade em mídias sociais, também conhecida como Social Ads, é uma estratégia essencial para alcançar seu público-alvo de maneira direcionada e eficaz nas plataformas de redes sociais. Aqui estão os principais pontos a considerar ao criar campanhas de Social Ads:

Benefícios da Publicidade em Mídias Sociais

1. **Segmentação Precisa**: Permite segmentar anúncios com base em dados demográficos, interesses, comportamentos e localização geográfica do público-alvo.

2. **Alcance Ampliado**: Amplia o alcance para novos públicos que podem não estar familiarizados com sua marca, produtos ou serviços.

3. **Engajamento Direto**: Facilita o engajamento direto com os usuários através de likes, comentários, compartilhamentos e cliques nos anúncios.

4. **Mensuração de Resultados**: Oferece métricas detalhadas para acompanhar o desempenho dos

anúncios em tempo real e ajustar estratégias conforme necessário.

Estratégias para Criar Anúncios Eficientes

1. **Definição de Objetivos Claros**
   - Determine se o objetivo é aumentar o reconhecimento da marca, gerar leads, aumentar as vendas ou promover um evento específico.

2. **Segmentação de Público**
   - Utilize os dados demográficos e comportamentais disponíveis nas plataformas para segmentar seu público-alvo com precisão.
   - Crie personas detalhadas para orientar a segmentação e garantir que os anúncios alcancem as pessoas certas.

3. **Escolha da Plataforma**
   - Selecione a plataforma de acordo com o público-alvo e os objetivos da campanha (ex: LinkedIn para B2B, Instagram para branding visual).
   - Considere as características únicas de cada plataforma ao adaptar o conteúdo dos anúncios.

4. **Design Atraente**

- Utilize imagens e vídeos de alta qualidade que capturem a atenção e transmitam a mensagem de forma clara e impactante.

- Teste diferentes variações de criativos para identificar qual gera melhor resposta do público.

5. **Call-to-Action (CTA)**

    - Inclua uma chamada para ação clara e direta que incentive os usuários a realizar uma ação específica (ex: "Compre agora", "Cadastre-se", "Saiba mais").

6. **Monitoramento e Otimização**

    - Acompanhe regularmente o desempenho dos anúncios através das métricas fornecidas pelas plataformas.

    - Faça ajustes com base nos dados coletados para otimizar a campanha e melhorar os resultados ao longo do tempo.

Tipos Comuns de Anúncios em Mídias Sociais

1. **Anúncios de Imagem**: Anúncios visuais que utilizam fotos ou gráficos para transmitir a mensagem.

2. **Anúncios de Vídeo**: Anúncios que incluem vídeos para contar uma história ou demonstrar produtos.

3. **Anúncios Carrossel**: Anúncios que permitem aos usuários deslizar para ver várias imagens ou vídeos em um único anúncio.

4. **Anúncios de Histórias**: Anúncios que aparecem nas histórias temporárias das plataformas, geralmente em formato vertical e de curta duração.

5. **Anúncios Patrocinados**: Conteúdo promovido que aparece diretamente no feed de notícias dos usuários, misturando-se organicamente com o conteúdo.

Ferramentas e Plataformas de Publicidade em Mídias Sociais

- **Facebook Ads Manager**: Para anúncios no Facebook e Instagram.

- **LinkedIn Ads**: Para anúncios no LinkedIn, focado em profissionais e negócios.

- **Twitter Ads**: Para anúncios no Twitter, utilizando tweets promovidos e tendências.

- **Instagram Ads**: Integrado ao Facebook Ads Manager para anúncios visuais e de vídeo.

- **Pinterest Ads**: Para anúncios no Pinterest, utilizando "pins" promovidos para inspiração visual.

Considerações Finais

Investir em publicidade em mídias sociais pode ser altamente eficaz para aumentar a visibilidade da sua marca, gerar leads qualificados e impulsionar as vendas. Ao planejar e executar campanhas de Social Ads com base em objetivos claros, segmentação precisa e monitoramento constante, você pode maximizar o retorno sobre o investimento (ROI) e alcançar seus objetivos de marketing digital de forma eficiente.

Publicidade Online (Paid Media)

Introdução ao Google Ads e outras plataformas de publicidade

Introduzir-se ao Google Ads e outras plataformas de publicidade é fundamental para quem deseja explorar estratégias pagas de marketing digital de maneira eficaz. Aqui está uma visão geral das principais plataformas de publicidade online, incluindo o Google Ads:

Google Ads

O Google Ads é a plataforma de publicidade paga do Google, que permite que os anunciantes exibam anúncios em diferentes formatos nos resultados de pesquisa do Google, na rede de Display (sites parceiros do Google) e no YouTube. Aqui estão os principais elementos e funcionalidades do Google Ads:

1. **Rede de Pesquisa**: Anúncios que aparecem nos resultados de pesquisa do Google quando os usuários pesquisam por termos relacionados aos produtos ou serviços oferecidos pelo anunciante.

2. **Rede de Display:** Anúncios gráficos que aparecem em sites parceiros do Google, alcançando uma ampla audiência através de banners, textos e vídeos.

3. **YouTube Ads**: Anúncios em vídeo exibidos antes, durante ou após vídeos no YouTube, permitindo alcançar públicos específicos com base em interesses e comportamentos.

4. **Campanhas Inteligentes**: Opção automatizada que utiliza machine learning para otimizar automaticamente as campanhas com base em metas específicas, como vendas ou leads.

5. **Palavras-Chave e Segmentação**: Utilização de palavras-chave relevantes, segmentação por localização geográfica, interesses e dispositivos para alcançar o público-alvo certo.

6. **Orçamento Flexível**: Controle total sobre o investimento diário e o lance por clique (CPC), permitindo ajustes conforme o desempenho da campanha.

Outras Plataformas de Publicidade

Além do Google Ads, existem outras plataformas populares de publicidade online que oferecem diferentes oportunidades para alcançar públicos específicos:

1. **Facebook Ads**

    o **Descrição**: Permite criar anúncios segmentados no Facebook e no Instagram.

    o **Formatos**: Anúncios de imagem, vídeo, carrossel, histórias e coleções.

    o **Segmentação**: Baseada em dados demográficos, interesses, comportamentos e conexões.

2. **LinkedIn Ads**

    o **Descrição**: Focado em marketing para profissionais e negócios.

    o **Formatos**: Anúncios de texto, imagem, vídeo e carrossel.

    o **Segmentação**: Baseada em cargos, setores, habilidades, e histórico educacional dos usuários.

3. **Twitter Ads**

    o **Descrição**: Anúncios no Twitter que podem incluir tweets promovidos e tendências.

    o **Formatos**: Tweets promovidos, tendências promovidas e anúncios de conta.

    o **Segmentação**: Baseada em interesses, localização e palavras-chave.

4. **Amazon Advertising**

    o **Descrição**: Focado em vendedores e marcas que desejam promover seus produtos na Amazon.

    o **Formatos**: Anúncios de produtos, patrocinados e anúncios de display.

    o **Segmentação**: Baseada em produtos específicos, comportamentos de compra e histórico de pesquisa.

Ao explorar o Google Ads e outras plataformas de publicidade online, é crucial entender como cada uma funciona, quais formatos de anúncios são mais adequados para seus objetivos de marketing e como otimizar suas campanhas para obter o máximo retorno sobre o investimento (ROI). Com segmentação precisa, monitoramento constante e ajustes estratégicos, você pode alcançar um público-alvo mais amplo e direcionado, aumentar o tráfego do site, gerar leads qualificados e impulsionar as vendas de forma eficaz.

Criação de campanhas pagas (PPC, display, remarketing)

A criação de campanhas pagas, como PPC (Pay-Per-Click), display e remarketing, é uma estratégia fundamental para alcançar públicos-alvo específicos e maximizar o retorno sobre o investimento (ROI) em marketing digital. Aqui está uma visão geral de como criar e otimizar cada tipo de campanha:

PPC (Pay-Per-Click)

O PPC envolve pagar por cliques em anúncios exibidos em mecanismos de busca como Google, Bing, entre outros. Aqui estão os passos principais para criar uma campanha de PPC eficaz:

1. **Definição de Objetivos Claros**

    o   Determine se o objetivo é gerar leads, aumentar vendas, direcionar tráfego para o site, etc.

2. **Pesquisa de Palavras-Chave**

    o   Identifique palavras-chave relevantes que seu público-alvo está buscando.

- Utilize ferramentas como o Planejador de Palavras-Chave do Google para pesquisa e análise.

3. **Criação de Grupos de Anúncios**

    - Organize suas campanhas em grupos de anúncios por temas ou produtos relacionados.

    - Escreva títulos e descrições persuasivas que incluam suas palavras-chave principais.

4. **Configuração de Lance e Orçamento**

    - Defina o lance máximo por clique (CPC máximo) que está disposto a pagar por cada palavra-chave.

    - Estabeleça um orçamento diário para controlar os gastos da campanha.

5. **Monitoramento e Otimização**

    - Acompanhe o desempenho das palavras-chave e ajuste os lances conforme necessário para maximizar o ROI.

    - Teste constantemente novas cópias de anúncios e ajuste os grupos de palavras-chave com base nos dados de desempenho.

Display Ads

Os anúncios de display são exibidos em redes de sites parceiros do Google, alcançando uma ampla audiência visualmente. Aqui estão os passos para criar uma campanha de display eficaz:

1. **Definição de Objetivos e Público-alvo**

    o Determine se deseja aumentar o reconhecimento da marca, direcionar tráfego para o site ou promover produtos específicos.

    o Utilize segmentação por interesses, comportamentos e características demográficas para alcançar o público-alvo.

2. **Design de Anúncios**

    o Crie banners visualmente atraentes que chamem a atenção e transmitam sua mensagem de forma clara.

    o Utilize várias opções de formatos de anúncios, como imagens estáticas, GIFs animados ou vídeos curtos.

3. **Configuração de Segmentação e Exclusões**

    o Defina onde seus anúncios serão exibidos e exclua categorias ou sites indesejados.

    o Aproveite as opções de remarketing para alcançar visitantes que já interagiram com seu site.

4. **Monitoramento e Otimização**

    o Acompanhe as métricas de desempenho, como taxa de cliques (CTR), taxa de conversão e impressões.

    o Otimize o desempenho ajustando a segmentação, os criativos e as configurações de lance conforme necessário.

Remarketing

O remarketing permite que você alcance usuários que já visitaram seu site, mas não converteram. Aqui estão os passos para criar uma campanha de remarketing eficaz:

1. **Definição de Objetivos Específicos de Remarketing**

    o Segmente visitantes que abandonaram carrinhos de compras, visualizaram páginas de produtos ou visitaram páginas-chave do seu site.

2. **Configuração de Listas de Remarketing**

    o Crie listas de remarketing com base em comportamentos específicos do usuário em seu site.

    o Configure tags de remarketing no seu site para rastrear visitantes e segmentá-los em listas adequadas.

3. **Criação de Anúncios Personalizados**

    o Desenvolva anúncios personalizados que ressoem com o público-alvo específico que você está segmentando.

    o Incentive a ação com ofertas especiais, lembretes de produtos ou conteúdo relevante.

4. **Monitoramento e Ajustes**

    o Acompanhe o desempenho das campanhas de remarketing, incluindo taxas de conversão e retorno sobre o investimento.

    o Ajuste listas de remarketing e criativos com base nos dados de desempenho para maximizar a eficácia.

Ferramentas e Plataformas

- **Google Ads**: Para PPC e Display Ads.

- **Facebook Ads Manager**: Para anúncios no Facebook e Instagram.

- **LinkedIn Ads**: Para marketing B2B e segmentação profissional.

- **Outras Plataformas**: Como Bing Ads, Twitter Ads e plataformas de remarketing específicas.

Ao implementar estratégias de PPC, display e remarketing de forma integrada e estratégica, você pode alcançar públicos-alvo específicos, aumentar o tráfego qualificado para o seu site e melhorar significativamente as taxas de conversão e vendas.

Segmentação e targeting

A segmentação e o direcionamento (targeting) são fundamentais para o sucesso das campanhas de marketing digital, permitindo que os anunciantes alcancem o público-alvo certo de maneira eficaz. Aqui estão os principais aspectos da segmentação e targeting que você deve considerar ao criar suas campanhas:

Segmentação Demográfica

1. **Dados Demográficos**

    - **Idade**: Segmentar por faixas etárias específicas relevantes para seu produto ou serviço.

    - **Gênero**: Direcionar anúncios com base no sexo do público-alvo.

    - **Localização**: Escolher regiões geográficas específicas, desde países até cidades ou códigos postais.

Segmentação Comportamental

2. **Comportamentos e Interesses**

    o **Interesses**: Segmentar com base em interesses específicos que podem incluir hobbies, atividades ou preferências de consumo.

    o **Comportamentos de Compra**: Direcionar usuários com base em comportamentos de compra passados, como compradores frequentes ou primeiras compras.

Segmentação por Contexto

3. **Contexto de Navegação**

    o **Palavras-Chave**: Segmentar com base nas palavras-chave relevantes para o conteúdo ou contexto da página onde o anúncio será exibido.

    o **Categorias de Conteúdo**: Escolher categorias de conteúdo específicas, como notícias, esportes ou tecnologia, para alinhar o anúncio com o interesse do usuário.

Segmentação por Dispositivo

4. **Tipo de Dispositivo**

    o **Desktop vs. Mobile**: Direcionar anúncios com base no tipo de dispositivo que os usuários estão utilizando para acessar a internet.

- **Sistema Operacional**: Segmentar por sistemas operacionais específicos, como Android ou iOS.

Remarketing e Segmentação Personalizada

5. **Remarketing**

    - **Público-alvo Customizado**: Alcançar usuários que já interagiram com seu site anteriormente, seja visitando páginas específicas, adicionando produtos ao carrinho de compras ou realizando compras anteriores.

    - **Segmentação por Lista de E-mails**: Importar listas de e-mails de clientes existentes para criar públicos personalizados para remarketing ou novas aquisições.

Ferramentas e Plataformas

Para implementar uma segmentação eficaz, você pode usar várias ferramentas e plataformas disponíveis:

- **Google Ads**: Oferece uma ampla gama de opções de segmentação, incluindo demográfica, comportamental, contextual e por dispositivo.

- **Facebook Ads Manager**: Permite segmentação detalhada com base em dados demográficos, interesses, comportamentos e conexões.

- **LinkedIn Ads**: Focado em segmentação profissional com base em cargos, setores, habilidades e empresas.

- **Twitter Ads**: Segmentação por interesses, palavras-chave e localizações geográficas.

Estratégias de Segmentação Eficientes

- **Persona de Comprador**: Desenvolva personas detalhadas do seu público-alvo para orientar a segmentação e garantir que seus anúncios sejam relevantes.

- **Testes A/B**: Realize testes A/B com diferentes segmentações para identificar quais públicos respondem melhor aos seus anúncios.

- **Monitoramento e Otimização**: Acompanhe regularmente o desempenho das suas campanhas e ajuste as estratégias de segmentação com base nos dados de desempenho e nas métricas obtidas.

Ao utilizar a segmentação e targeting de maneira estratégica e personalizada, você pode aumentar significativamente a eficácia das suas campanhas de marketing digital, alcançar o público certo no momento certo e melhorar o retorno sobre o investimento (ROI).

Análise e otimização de campanhas

A análise e otimização de campanhas são etapas cruciais para garantir que suas estratégias de marketing digital sejam eficazes e alcancem os melhores resultados possíveis. Aqui estão os passos essenciais para realizar uma análise detalhada e otimização de campanhas:

Passos para Análise de Campanhas

1. **Definição de Métricas e Objetivos Claros**

    o Identifique quais métricas são mais relevantes para seus objetivos (ex: taxa de cliques, taxa de conversão, custo por aquisição).

    o Estabeleça metas específicas para cada métrica para medir o sucesso da campanha.

2. **Coleta de Dados**

    o Utilize ferramentas de análise disponíveis na plataforma de publicidade (ex: Google Analytics, Facebook Insights) para coletar dados relevantes.

    o Exporte relatórios e dados brutos para análise mais aprofundada, se necessário.

3. **Análise de Desempenho**

- Avalie o desempenho da campanha em relação às metas e métricas estabelecidas.

- Identifique quais anúncios, grupos de anúncios ou segmentos de público estão performando melhor ou pior.

4. **Identificação de Insights**

    - Procure por padrões ou tendências nos dados que possam indicar áreas de melhoria ou oportunidades não exploradas.

    - Compare o desempenho atual com campanhas anteriores para identificar tendências ao longo do tempo.

Estratégias de Otimização de Campanhas

1. **Ajustes de Lance e Orçamento**

    - Aumente ou diminua os lances de CPC (custo por clique) com base no desempenho das palavras-chave e anúncios.

    - Realoque o orçamento para campanhas ou grupos de anúncios que estão gerando melhor retorno sobre o investimento (ROI).

2. **Refinamento de Palavras-Chave e Segmentação**

- Remova palavras-chave de baixo desempenho que estão consumindo o orçamento sem gerar resultados.

- Ajuste a segmentação demográfica, geográfica e por interesse para focar nos públicos-alvo mais relevantes.

3. **Otimização de Criativos**

    - Teste diferentes variações de texto, imagens ou vídeos para identificar quais criativos geram melhor engajamento e conversões.

    - Aplique aprendizados dos testes A/B para ajustar continuamente os criativos e melhorar sua eficácia.

4. **Melhoria da Experiência do Usuário no Site**

    - Verifique se a página de destino (landing page) está otimizada para conversões.

    - Analise o comportamento dos usuários após clicar nos anúncios para identificar possíveis pontos de atrito ou melhorias na experiência.

5. **Implementação de Remarketing**

    - Utilize listas de remarketing para alcançar usuários que interagiram com seu site anteriormente e aumentar as chances de conversão.

- o Crie campanhas de remarketing personalizadas com mensagens específicas para diferentes estágios do funil de vendas.

Monitoramento Contínuo e Ajustes

1. **Estabelecimento de Rotinas de Monitoramento**

    - o Defina intervalos regulares para revisar o desempenho das campanhas e implementar ajustes conforme necessário.

    - o Utilize alertas ou notificações automáticas para identificar rapidamente problemas ou oportunidades emergentes.

2. **Avaliação de Tendências de Mercado**

    - o Fique atento a mudanças no comportamento do consumidor, sazonalidades ou eventos que possam impactar suas campanhas.

    - o Adapte suas estratégias de marketing para aproveitar oportunidades ou mitigar potenciais ameaças.

Ferramentas de Apoio

- **Google Analytics**: Para análise detalhada do tráfego e comportamento do usuário no site.

- **Ferramentas de Relatórios de Plataformas de Anúncios**: Para extração e análise de dados específicos de campanhas.

- **Ferramentas de Otimização de Palavras-Chave e SEO**: Para ajustes contínuos na seleção e desempenho de palavras-chave.

Ao seguir esses passos e adotar uma abordagem sistemática para análise e otimização de campanhas de marketing digital, você poderá melhorar consistentemente o desempenho das suas campanhas, aumentar o retorno sobre o investimento e alcançar seus objetivos de negócios de forma mais eficaz.

Email Marketing

Fundamentos do email marketing

O email marketing é uma poderosa ferramenta de comunicação e relacionamento com clientes potenciais e existentes. Aqui estão os fundamentos essenciais do email marketing:

Fundamentos do Email Marketing

1. **Definição e Objetivos**

    - **Definição**: O email marketing envolve o envio de mensagens comerciais por email para um grupo de contatos.

    - **Objetivos**: Pode ser usado para informar, educar, engajar, promover produtos/serviços, aumentar vendas, reter clientes, entre outros.

2. **Segmentação de Listas de Contatos**

    - **Importância**: Segmentar listas com base em interesses, comportamentos, histórico de compras, etc., melhora a relevância das mensagens.

    - **Tipos de Segmentação**: Demográfica, geográfica, comportamental, etc.

3. **Criação de Conteúdo Relevante**

    - **Personalização**: Incluir o nome do destinatário, adaptar o conteúdo com base nas preferências e interações anteriores.

- **Linha de Assunto**: Deve ser atrativa, clara e persuasiva para aumentar a taxa de abertura.

4. **Design Responsivo e Atraente**

    - **Compatibilidade**: Garantir que os emails sejam visualmente atraentes e fáceis de ler em dispositivos móveis e desktops.

    - **Uso de Imagens e CTA**: Incluir imagens relevantes, botões de chamada para ação (CTA) claros e diretos.

5. **Frequência e Timing**

    - **Equilíbrio**: Encontrar a frequência ideal de envio sem sobrecarregar os destinatários.

    - **Timing**: Considerar o melhor horário e dia da semana para maximizar as taxas de abertura e cliques.

6. **Análise de Métricas**

    - **Métricas Importantes**: Taxa de abertura, taxa de cliques, taxa de conversão, taxa de cancelamento de inscrição (unsubscribe), entre outras.

    - **Testes A/B**: Realizar testes para otimizar elementos como linha de assunto, design, call-to-action, etc.

Ferramentas e Plataformas

- **Mailchimp**: Popular para pequenas e médias empresas, oferece automação, segmentação avançada e relatórios detalhados.

- **Campaign Monitor**: Focado em design personalizável e automação eficiente de campanhas.

- **Constant Contact**: Ferramenta intuitiva com templates responsivos e recursos de segmentação robustos.

Boas Práticas

- **Compliance com GDPR e CAN-SPAM**: Seguir regulamentações de privacidade e consentimento.

- **Opt-in e Opt-out**: Permitir que os destinatários se inscrevam (opt-in) e cancelem a inscrição (opt-out) facilmente.

- **Personalização e Relevância**: Focar em oferecer valor ao destinatário, com mensagens relevantes e personalizadas.

O email marketing continua sendo uma estratégia eficaz para engajar e converter leads em clientes, desde que seja utilizado de maneira ética, com foco na qualidade e relevância das mensagens enviadas.

Ferramentas e plataformas de e-mail marketing

Existem várias ferramentas e plataformas de email marketing disponíveis no mercado, cada uma com seus próprios recursos e funcionalidades.

1. Mailchimp

- **Descrição**: Uma das plataformas mais populares e acessíveis para pequenas e médias empresas.

- **Recursos**:

    - Templates de email responsivos e personalizáveis.
    - Automação de marketing para sequências de email.
    - Segmentação avançada de lista com base em comportamento.
    - Relatórios detalhados de desempenho de campanha.
    - Integrações com várias outras plataformas.

2. Campaign Monitor

- **Descrição**: Focado em design flexível e automação eficiente de campanhas.

- **Recursos:**

    o Ferramentas intuitivas de criação de email com arrastar e soltar.

    o Automatização de campanhas baseadas em comportamento do usuário.

    o Segmentação avançada com base em dados demográficos e comportamentais.

    o Relatórios detalhados de análise de desempenho.

3. **Constant Contact**

- **Descrição**: Conhecido por sua facilidade de uso e suporte ao cliente.

- **Recursos:**

    o Templates responsivos e personalizáveis de email.

    o Ferramentas de automação para sequências de email e campanhas.

    o Segmentação de lista com base em interesse e comportamento.

    o Ferramentas de gestão de eventos e redes sociais integradas.

4. Sendinblue

- **Descrição**: Uma plataforma abrangente que combina email marketing com automação de marketing.

- **Recursos**:

    - Automação de marketing multicanal (email, SMS, chat).

    - Segmentação avançada com base em dados comportamentais.

    - Criação de campanhas de email responsivas e personalizadas.

    - Ferramentas de análise e relatórios em tempo real.

5. HubSpot Email Marketing

- **Descrição**: Parte da suíte HubSpot, oferece integração com CRM e automação de marketing.

- **Recursos**:

    - Templates de email personalizáveis e fáceis de usar.

    - Automação de marketing baseada em comportamento e fluxos de trabalho.

- Segmentação avançada com base em dados do CRM.
- Relatórios de desempenho integrados ao CRM para análise detalhada.

6. AWeber

- **Descrição**: Ferramenta popular para iniciantes e pequenas empresas focadas em email marketing.

- **Recursos**:

    - Templates de email responsivos e fáceis de personalizar.
    - Automação simples para sequências de email.
    - Segmentação de lista baseada em interesse e comportamento.
    - Relatórios básicos de desempenho de campanha.

Escolha da Plataforma Certa

A escolha da plataforma de email marketing certa depende das necessidades específicas do seu negócio, do tamanho da sua lista de contatos, do orçamento disponível e dos recursos desejados. É importante considerar fatores como facilidade de uso, capacidades de automação, personalização de templates, suporte ao cliente e integrações com outras ferramentas que você já utiliza.

Antes de decidir, vale a pena testar diferentes plataformas por meio de seus períodos de avaliação gratuitos, quando disponíveis, para determinar qual oferece a melhor combinação de recursos e suporte para suas estratégias de e-mail marketing.

Criação de listas de e-mails e segmentação

Criar listas de emails e segmentá-las de forma eficaz é crucial para uma estratégia de email marketing bem-sucedida. Aqui estão algumas etapas e dicas para ajudar nesse processo:

1. Coleta de Emails

Formulários de Inscrição

- **No Site**: Coloque formulários de inscrição em lugares estratégicos do seu site, como a página inicial, blog, e pop-ups.

- **Redes Sociais**: Use suas redes sociais para promover a inscrição na sua lista de emails.

- **Eventos**: Colete emails em eventos físicos ou online, como webinars e workshops.

Incentivos

- **Ofertas e Descontos**: Ofereça algo em troca, como descontos ou conteúdo exclusivo.

- **Conteúdo Gratuito**: E-books, whitepapers, e outros materiais ricos.

2. Segmentação de Emails

Dados Demográficos

- **Idade, Gênero, Localização**: Informações básicas que podem ajudar a personalizar as mensagens.

Comportamento do Usuário

- **Interações Passadas**: Analisar como os usuários interagiram com seus emails anteriores (aberturas, cliques, etc.).

- **Histórico de Compras**: Personalizar ofertas baseadas em compras anteriores.

Interesses e Preferências

- **Preferências de Conteúdo**: Permitir que os usuários escolham suas preferências de conteúdo ao se inscrever.

- **Pesquisas e Enquetes**: Coletar dados adicionais sobre os interesses dos seus assinantes.

3. Melhores Práticas

Personalização

- **Nome do Assinante**: Use o nome do assinante para tornar a mensagem mais pessoal.

- **Conteúdo Relevante**: Envie conteúdo que seja relevante para o segmento específico.

Automação

- **Autoresponders**: Configure emails automáticos para novas inscrições.

- **Campanhas de Gotejamento**: Envie uma série de emails automaticamente com base em ações específicas do usuário.

Teste A/B

- **Assunto dos Emails**: Teste diferentes assuntos para ver qual tem a maior taxa de abertura.

- **Horários de Envio**: Experimente enviar emails em diferentes horários e dias da semana.

Análise e Ajuste

- **Métricas**: Monitore taxas de abertura, cliques e conversões.

- **Feedback**: Coleta feedback dos assinantes para melhorar continuamente.

Exemplo Prático

1. **Coleta de Emails**: Use um pop-up no seu site oferecendo um desconto de 10% para novas inscrições.

2. **Segmentação Inicial**: Segmentar por localização geográfica e preferências de produto.

3. **Automação**: Configure uma sequência de boas-vindas que inclui um email de agradecimento, um email sobre os produtos mais populares e um email solicitando feedback.

Criar listas de emails bem segmentadas pode aumentar significativamente o engajamento e as conversões das suas campanhas de email marketing.

Boas práticas e estratégias de automação

A automação no email marketing é uma maneira eficaz de melhorar a eficiência, personalização e eficácia das suas campanhas. Aqui estão algumas boas práticas e estratégias para implementar automação no email marketing:

Boas Práticas

1. *Segmente sua Lista de Emails*

   - **Dados Demográficos**: Idade, gênero, localização.

   - **Comportamento do Usuário**: Histórico de compras, interações anteriores com emails.

   - **Interesses e Preferências**: Coletados via formulários de inscrição ou pesquisas.

2. *Personalização*

   - **Nome do Assinante**: Use o nome do destinatário nos emails para torná-los mais pessoais.

   - **Conteúdo Relevante**: Envie conteúdo baseado nos interesses e comportamentos dos assinantes.

3. *Conteúdo Relevante e de Qualidade*

   - **Ofereça Valor**: Proporcione informações úteis, descontos exclusivos, e conteúdo interessante.

   - **Variedade de Conteúdo**: Misture tipos de conteúdo, como artigos, vídeos, infográficos, e ofertas.

4. *Testes A/B*

   - **Assunto do Email**: Teste diferentes linhas de assunto para ver qual tem a maior taxa de abertura.

- **Conteúdo e Layout**: Experimente diferentes formatos e chamadas para ação.

5. Análise de Desempenho

- **Métricas Importantes**: Taxas de abertura, cliques, conversões, e taxas de cancelamento de inscrição.

- **Ajuste Contínuo**: Use os dados coletados para ajustar e melhorar suas campanhas.

Estratégias de Automação

1. Sequência de Boas-Vindas

- **Email de Boas-Vindas**: Envie um email de boas-vindas imediato para novos inscritos.

- **Introdução à Marca**: Inclua um email que apresente sua marca e os benefícios que oferece.

- **Ofertas Iniciais**: Ofereça um desconto ou oferta exclusiva para novos assinantes.

2. Nurturing de Leads

- **Educação do Cliente**: Envie uma série de emails que educam o cliente sobre seus produtos ou serviços.

- **Conteúdo Valioso**: Inclua estudos de caso, depoimentos, e guias úteis.

3. *Carrinho Abandonado*

- **Lembretes**: Envie um email para lembrar os clientes de itens deixados no carrinho.

- **Ofertas de Desconto**: Ofereça um desconto para incentivar a finalização da compra.

4. *Aniversário e Datas Especiais*

- **Email de Aniversário**: Envie um email comemorativo com uma oferta especial no aniversário do assinante.

- **Datas Comemorativas**: Envie ofertas e mensagens em datas comemorativas como Natal, Black Friday, etc.

5. *Reativação de Clientes Inativos*

- **Série de Reengajamento**: Envie uma série de emails para clientes que não interagiram com seus emails recentemente.

- **Ofertas Exclusivas**: Inclua ofertas especiais para incentivá-los a voltar.

6. *Feedback e Pesquisa*

- **Pesquisa de Satisfação**: Envie emails solicitando feedback após uma compra.

- **Enquetes**: Use enquetes para entender melhor as preferências dos seus assinantes.

Ferramentas de Automação

- **Mailchimp**: Ideal para pequenas e médias empresas, com fácil integração e automação básica.

- **ActiveCampaign**: Oferece automação avançada e ferramentas de CRM.

- **HubSpot**: Combina email marketing com CRM, excelente para estratégias de inbound marketing.

- **Klaviyo**: Focado em e-commerce, oferece integrações profundas com plataformas como Shopify.

Exemplo Prático de Automação

1. **Novo Assinante**: Quando alguém se inscreve na sua lista, um email de boas-vindas é enviado imediatamente.

2. **Nurturing**: Uma semana depois, um email educativo sobre seus produtos é enviado.

3. **Interação Baseada no Comportamento**: Se o assinante abrir o email educativo, ele recebe um email com um estudo de caso relevante.

4. **Carrinho Abandonado**: Se o assinante adicionar itens ao carrinho, mas não finalizar a compra, um lembrete de carrinho abandonado é enviado 24 horas depois.

5. **Reativação**: Se o assinante não interagir com seus emails por 3 meses, uma série de emails de reengajamento é enviada com ofertas especiais.

Implementar essas práticas e estratégias de automação pode melhorar significativamente o engajamento e as conversões nas suas campanhas de email marketing.

Analytics e Métricas

Introdução ao Google Analytics e outras ferramentas de análise

A análise de dados é fundamental para medir o sucesso das suas campanhas de marketing digital e tomar decisões informadas. Ferramentas como o Google Analytics são indispensáveis para obter insights detalhados sobre o comportamento dos visitantes no seu site. Aqui está uma introdução ao Google Analytics e outras ferramentas de análise que podem ser úteis:

Introdução ao Google Analytics

1. O que é Google Analytics?

Google Analytics é uma ferramenta gratuita de análise web que fornece estatísticas e análises básicas de SEO. É a ferramenta mais amplamente utilizada para monitorar e analisar o tráfego do site.

2. Principais Recursos

- **Relatórios em Tempo Real**: Monitora a atividade no site em tempo real.

- **Audiência**: Dados demográficos, geográficos, e interesses dos visitantes.

- **Aquisição**: Origem do tráfego (orgânico, direto, social, etc.).

- **Comportamento**: Páginas mais visitadas, tempo médio no site, taxa de rejeição.

- **Conversões**: Acompanhamento de objetivos, como vendas, inscrições e downloads.

3. Configuração Inicial

- **Conta e Propriedade**: Crie uma conta no Google Analytics e configure uma propriedade para seu site.

- **Código de Rastreamento**: Adicione o código de rastreamento fornecido pelo Google Analytics ao seu site.

- **Configuração de Objetivos**: Defina objetivos para medir ações importantes no seu site.

4. Principais Métricas

- **Sessões**: Número de visitas ao site.
- **Usuários**: Número de visitantes únicos.
- **Taxa de Rejeição**: Percentual de visitantes que saem do site após ver apenas uma página.
- **Duração Média da Sessão**: Tempo médio que os visitantes passam no site.
- **Páginas por Sessão**: Número médio de páginas vistas por sessão.
- **Taxa de Conversão**: Percentual de visitantes que completam uma ação desejada (compra, inscrição, etc.).

Outras Ferramentas de Análise

1. Google Search Console

- **O que é?**: Ferramenta gratuita do Google que ajuda a monitorar e manter a presença do site nos resultados de pesquisa do Google.
- **Principais Recursos**: Monitoramento de palavras-chave, análise de desempenho de pesquisa, indexação de páginas.

2. Hotjar

- **O que é?**: Ferramenta de análise de comportamento e feedback dos usuários.

- **Principais Recursos**: Mapas de calor, gravações de sessão, funis de conversão, enquetes e pesquisas.

3. SEMrush

- **O que é?**: Ferramenta de SEO e marketing digital.

- **Principais Recursos**: Pesquisa de palavras-chave, análise de backlinks, auditoria de site, monitoramento de concorrentes.

4. Ahrefs

- **O que é?**: Ferramenta de SEO focada em análise de backlinks e pesquisa de palavras-chave.

- **Principais Recursos**: Análise de backlinks, exploração de conteúdo, auditoria de site.

5. Adobe Analytics

- **O que é?**: Ferramenta de análise web premium oferecida pela Adobe.

- **Principais Recursos**: Análise avançada de dados, segmentação de público, visualização de dados em tempo real.

Exemplo Prático de Uso do Google Analytics

1. **Configuração Inicial**

    o   Crie uma conta no Google Analytics.

    o   Configure uma propriedade para seu site.

    o   Adicione o código de rastreamento ao seu site.

2. **Monitoramento de Desempenho**

    o   Acesse relatórios de audiência para entender quem são seus visitantes.

    o   Use relatórios de aquisição para ver de onde vem seu tráfego.

    o   Analise o comportamento dos visitantes para identificar as páginas mais populares e problemas de navegação.

    o   Monitore conversões para medir o sucesso de suas metas de marketing.

3. **Ajuste de Estratégias**

    o   Se a taxa de rejeição estiver alta, considere revisar o conteúdo ou design das páginas.

    o   Se uma fonte de tráfego estiver gerando mais conversões, invista mais nessa fonte.

o Use insights de palavras-chave para otimizar seu conteúdo para SEO.

Utilizar ferramentas de análise como Google Analytics é essencial para entender o comportamento dos visitantes, otimizar o desempenho do site e tomar decisões informadas baseadas em dados.

Principais métricas e KPIs

Medir o desempenho das suas campanhas de marketing digital e o sucesso do seu site é essencial para tomar decisões informadas. Aqui estão as principais métricas e KPIs (Key Performance Indicators) que você deve acompanhar:

Métricas de Tráfego

1. Sessões

- **O que é?**: Uma sessão é um período de atividade contínua de um usuário no seu site.
- **Importância**: Ajuda a entender o volume de tráfego no seu site.

2. Usuários

- **O que é?**: Número de visitantes únicos que acessaram o seu site.
- **Importância**: Mede o alcance da sua campanha.

3. *Visualizações de Página*

- **O que é?**: Número total de páginas vistas no seu site.

- **Importância**: Indica o nível de engajamento dos visitantes.

4. *Páginas por Sessão*

- **O que é?**: Média de páginas vistas por sessão.

- **Importância**: Avalia o interesse e a navegação dos usuários no seu site.

5. *Duração Média da Sessão*

- **O que é?**: Tempo médio que os usuários passam no seu site.

- **Importância**: Indica a qualidade e a relevância do conteúdo.

6. *Taxa de Rejeição (Bounce Rate)*

- **O que é?**: Percentual de visitantes que saem do site após visualizar apenas uma página.

- **Importância**: Alta taxa de rejeição pode indicar problemas com a experiência do usuário ou irrelevância do conteúdo.

Métricas de Aquisição

1. Origem do Tráfego

- **O que é?**: Fonte de onde vem o tráfego (orgânico, direto, social, pago, etc.).
- **Importância**: Ajuda a identificar quais canais de marketing são mais eficazes.

2. Tráfego Orgânico

- **O que é?**: Visitantes que chegam ao seu site através de mecanismos de busca.
- **Importância**: Indica o desempenho do SEO.

3. Tráfego Pago

- **O que é?**: Visitantes que chegam ao seu site através de anúncios pagos.
- **Importância**: Avalia a eficácia das suas campanhas de PPC.

4. Tráfego de Referência

- **O que é?**: Visitantes que chegam ao seu site através de links em outros sites.
- **Importância**: Mede a eficácia das suas parcerias e esforços de link building.

Métricas de Engajamento

1. Taxa de Cliques (CTR)

- **O que é?**: Percentual de usuários que clicam em um link ou anúncio em relação ao número total de visualizações.

- **Importância**: Avalia a eficácia dos seus anúncios e chamadas para ação.

2. Taxa de Abertura (Open Rate)

- **O que é?**: Percentual de emails abertos em relação ao total de emails enviados.

- **Importância**: Mede a eficácia das suas campanhas de email marketing.

3. Taxa de Cliques em Emails (Email Click-Through Rate)

- **O que é?**: Percentual de cliques em links dentro dos emails enviados.

- **Importância**: Avalia o engajamento dos destinatários com o conteúdo dos emails.

Métricas de Conversão

1. Taxa de Conversão

- **O que é?**: Percentual de visitantes que completam uma ação desejada (compra, inscrição, download, etc.).

- **Importância**: Medida crítica para avaliar o sucesso das suas campanhas de marketing.

2. *Custo por Conversão (CPC)*

- **O que é?**: Custo médio para adquirir uma conversão.
- **Importância**: Ajuda a avaliar a eficiência dos seus gastos de marketing.

3. *Valor Médio do Pedido (AOV)*

- **O que é?**: Valor médio das transações de compra.
- **Importância**: Indica o comportamento de compra e a eficácia de estratégias de vendas adicionais.

4. *Taxa de Abandono do Carrinho*

- **O que é?**: Percentual de visitantes que adicionam produtos ao carrinho, mas não concluem a compra.
- **Importância**: Alta taxa pode indicar problemas no processo de checkout ou falta de incentivo para concluir a compra.

Métricas de Retenção

1. *Taxa de Retenção de Clientes*

- **O que é?**: Percentual de clientes que retornam para fazer uma nova compra.

- **Importância**: Indica a fidelidade do cliente e a satisfação com o produto/serviço.

2. *Lifetime Value (LTV)*

- **O que é?**: Valor total esperado que um cliente trará ao longo do seu relacionamento com a empresa.

- **Importância**: Ajuda a planejar estratégias de longo prazo e investimentos em aquisição de clientes.

Exemplo Prático de Análise de Métricas

1. **Tráfego e Aquisição**

    o Monitorar o aumento no número de sessões e usuários após uma campanha de SEO.

    o Analisar a origem do tráfego para identificar o canal mais eficaz.

2. **Engajamento**

    o Avaliar a taxa de rejeição e a duração média da sessão para identificar problemas de navegação ou conteúdo.

    o Medir o CTR em campanhas de email marketing para ajustar o conteúdo dos emails.

3. **Conversão**

- Acompanhar a taxa de conversão para verificar o sucesso de uma campanha de marketing.

- Calcular o CPC para determinar a eficiência do orçamento de marketing.

4. **Retenção**

    - Monitorar a taxa de retenção de clientes para avaliar a eficácia das estratégias de fidelização.

    - Calcular o LTV para entender o valor a longo prazo dos clientes.

Utilizar essas métricas e KPIs ajudará você a tomar decisões informadas, ajustar suas estratégias e maximizar o retorno sobre o investimento (ROI) das suas campanhas de marketing digital.

Relatórios e análise de dados

Relatórios e análise de dados são essenciais para entender o desempenho das suas campanhas de marketing digital e fazer ajustes estratégicos. Aqui está um guia sobre como criar e analisar relatórios de dados eficazes.

Criação de Relatórios

1. Defina seus Objetivos

- **Clareza**: Estabeleça o que você deseja medir e por quê.
- **Metas**: Defina metas claras e mensuráveis para suas campanhas.

2. Selecione as Métricas e KPIs Relevantes

- **Tráfego**: Sessões, usuários, páginas por sessão.
- **Aquisição**: Origem do tráfego, tráfego orgânico, tráfego pago.
- **Engajamento**: Taxa de rejeição, duração média da sessão, taxa de cliques.
- **Conversão**: Taxa de conversão, custo por conversão, valor médio do pedido.
- **Retenção**: Taxa de retenção de clientes, Lifetime Value (LTV).

3. Utilize Ferramentas de Análise

- **Google Analytics**: Para análise de tráfego e comportamento do usuário.
- **Google Search Console**: Para monitorar o desempenho de pesquisa orgânica.

- **Hotjar**: Para análises de comportamento, como mapas de calor e gravações de sessão.

- **SEMrush e Ahrefs**: Para análise de SEO e concorrência.

- **Plataformas de Email Marketing (Mailchimp, HubSpot, etc.)**: Para análise de campanhas de email.

4. Crie Relatórios Personalizados

- **Google Data Studio**: Ferramenta gratuita para criar dashboards e relatórios personalizados.

- **Excel/Google Sheets**: Para criar relatórios manuais e gráficos.

- **Software de BI (Business Intelligence)**: Como Tableau ou Power BI para análises mais avançadas.

Estrutura de um Relatório de Dados

1. Resumo Executivo

- **Visão Geral**: Resumo dos principais insights e conclusões.

- **Principais Resultados**: Destaque das métricas mais importantes e o que elas significam.

2. Análise de Tráfego

- **Visão Geral do Tráfego**: Sessões, usuários, páginas por sessão.

- **Origem do Tráfego**: Comparação de fontes de tráfego (orgânico, pago, social, etc.).

3. Análise de Comportamento

- **Conteúdo Popular**: Páginas mais visitadas, duração média da sessão.

- **Navegação do Usuário**: Fluxo de comportamento no site.

4. Análise de Conversão

- **Taxa de Conversão**: Comparação de taxas de conversão por canal.

- **Custo por Conversão**: Eficiência do gasto de marketing.

- **Funil de Conversão**: Análise do caminho do usuário até a conversão.

5. Análise de Retenção

- **Taxa de Retenção de Clientes**: Percentual de clientes retornando.

- **Lifetime Value (LTV)**: Valor total esperado de um cliente ao longo do tempo.

6. *Recomendações e Ações*

- **Insights**: Interpretação dos dados e insights chave.

- **Ações Sugeridas**: Recomendações baseadas na análise para melhorar o desempenho.

Análise de Dados

1. *Identifique Tendências e Padrões*

- **Tendências Temporais**: Análise de dados ao longo do tempo para identificar padrões sazonais.

- **Comportamento do Usuário**: Padrões de navegação e engajamento.

2. *Compare Desempenhos*

- **Benchmarking**: Comparação com a média do setor ou com concorrentes.

- **Comparação Interna**: Análise de desempenho de diferentes campanhas ou períodos.

3. *Segmentação*

- **Segmentos de Usuários**: Análise de segmentos específicos (novos vs. retornantes, por localização, etc.).

- **Segmentação de Tráfego**: Análise de desempenho por fonte de tráfego.

4. *Identifique Problemas e Oportunidades*

- **Pontos de Queda**: Identificação de onde os usuários estão abandonando o site.

- **Oportunidades de Crescimento**: Áreas com alto potencial de melhoria ou expansão.

5. *Ação Baseada em Dados*

- **Otimização de Campanhas**: Ajustes baseados em desempenho.

- **Melhoria do Site**: Alterações no design e conteúdo baseadas em comportamento do usuário.

- **Ajuste de Estratégias**: Realinhamento de estratégias de marketing com base em insights.

Ferramentas de Relatórios

1. *Google Data Studio*

- **O que é?**: Ferramenta gratuita para criar dashboards interativos e relatórios personalizados.

- **Principais Recursos**: Conexão com várias fontes de dados, gráficos interativos, compartilhamento fácil.

2. Microsoft Power BI

- **O que é?**: Ferramenta de BI (Business Intelligence) para análise de dados e criação de relatórios.

- **Principais Recursos**: Análise avançada de dados, integração com várias fontes, visualizações ricas.

3. Tableau

- **O que é?**: Ferramenta de análise visual para criar gráficos e dashboards interativos.

- **Principais Recursos**: Análise de dados robusta, visualizações dinâmicas, integração com diversas fontes de dados.

4. Excel/Google Sheets

- **O que é?**: Planilhas para análise manual e criação de gráficos.

- **Principais Recursos**: Flexibilidade, fórmulas avançadas, gráficos personalizados.

Exemplo Prático de Relatório

1. **Resumo Executivo**

    o **Resumo dos Principais Resultados**: A campanha de email marketing gerou um aumento de 20% na taxa de conversão, com um custo por conversão 15% menor do que o período anterior.

2. **Análise de Tráfego**

    o **Sessões e Usuários:** Aumento de 10% nas sessões e 8% nos usuários.

    o **Origem do Tráfego:** Tráfego orgânico aumentou 12%, tráfego pago diminuiu 5%.

3. **Análise de Comportamento**

    o **Páginas Mais Visitadas:** Página do produto X teve um aumento de 30% nas visualizações.

    o **Taxa de Rejeição:** Redução de 2%, indicando melhoria na relevância do conteúdo.

4. **Análise de Conversão**

    o **Taxa de Conversão por Canal:** Conversões de tráfego orgânico aumentaram 15%, tráfego pago manteve-se estável.

    o **Custo por Conversão:** Tráfego orgânico teve um custo por conversão 20% menor do que o tráfego pago.

5. **Análise de Retenção**

- **Taxa de Retenção de Clientes**: Aumento de 5% na retenção de clientes após a implementação de campanhas de reengajamento.

- **LTV**: Crescimento de 10% no Lifetime Value dos clientes.

6. **Recomendações e Ações**

    - **Melhoria de Conteúdo**: Focar em otimizar o conteúdo das páginas com alta taxa de rejeição.

    - **Investimento em SEO**: Aumentar o orçamento para SEO, dado o alto desempenho do tráfego orgânico.

    - **Campanhas de Reengajamento**: Continuar e expandir campanhas de reengajamento de clientes para melhorar a retenção.

Criar e analisar relatórios de dados detalhados permite uma compreensão profunda do desempenho das suas campanhas e do comportamento dos usuários. Utilizar essas informações para tomar decisões estratégicas pode levar a um aumento significativo no ROI e no sucesso geral das suas iniciativas de marketing.

Tomada de decisões baseada em dados

Tomar decisões baseadas em dados no marketing digital é fundamental para otimizar campanhas, maximizar o ROI e alcançar os objetivos de negócios. Aqui está um guia sobre como utilizar dados para tomar decisões informadas e estratégicas no marketing digital:

1. Defina Objetivos e KPIs

Estabeleça Metas Claras

- **Objetivos**: Defina objetivos específicos e mensuráveis, como aumentar a taxa de conversão, reduzir o custo por clique (CPC), ou melhorar o engajamento em redes sociais.

- **KPIs (Key Performance Indicators)**: Selecione indicadores-chave que serão usados para medir o sucesso em relação aos objetivos estabelecidos. Exemplos incluem taxa de conversão, custo por conversão, e CTR (taxa de cliques).

2. Coleta e Análise de Dados

Utilize Ferramentas de Análise

- **Google Analytics**: Para monitorar o tráfego do site, comportamento do usuário e conversões.

- **Google Search Console**: Para analisar o desempenho de palavras-chave e a visibilidade nos resultados de pesquisa.

- **Plataformas de Anúncios**: Como Google Ads e Facebook Ads, para acompanhar o desempenho de campanhas pagas.

Coleta de Dados

- **Dados Quantitativos**: Como número de visitas, taxa de conversão, e receita gerada.

- **Dados Qualitativos**: Feedback de clientes, pesquisas de satisfação, e análises de comportamento (como gravações de sessão e mapas de calor).

3. Análise de Desempenho

Identifique Tendências e Padrões

- **Tendências Temporais**: Compare o desempenho ao longo do tempo para identificar padrões sazonais ou mudanças.

- **Análise Comparativa**: Compare o desempenho atual com períodos anteriores ou com benchmarks do setor.

Segmentação de Dados

- **Segmentos de Usuários**: Analise o comportamento e desempenho por segmento de usuário (novos vs. retornantes, por localização geográfica, etc.).

- **Segmentação de Campanhas**: Compare o desempenho de diferentes campanhas e canais de marketing.

4. Interpretação dos Dados

Extraia Insights

- **Padrões de Comportamento**: Identifique padrões no comportamento dos usuários que podem indicar áreas de melhoria ou oportunidades.

- **Problemas e Oportunidades**: Identifique problemas (como alta taxa de rejeição) e oportunidades de crescimento (como canais de tráfego com alta taxa de conversão).

Relatórios e Visualizações

- **Crie Relatórios**: Prepare relatórios detalhados que incluam visualizações gráficas para facilitar a interpretação dos dados.

- **Dashboards**: Utilize ferramentas como Google Data Studio ou Power BI para criar dashboards interativos que forneçam uma visão geral do desempenho.

5. Tomada de Decisões

Baseie-se em Dados

- **Decisões Estratégicas**: Tome decisões estratégicas baseadas em dados, como ajustar o orçamento de marketing para canais mais eficazes.

- **Ajuste de Táticas**: Modifique táticas específicas, como otimizar páginas de destino com alta taxa de rejeição.

A/B Testing

- **Experimentos Controlados**: Realize testes A/B para comparar diferentes variantes de campanhas, landing pages, ou anúncios e determinar qual é mais eficaz.

- **Análise de Resultados**: Avalie os resultados dos testes para implementar as melhores práticas e estratégias.

6. Ação e Otimização

Implemente Mudanças

- **Ajuste de Estratégias**: Faça ajustes nas estratégias de marketing com base nos insights obtidos da análise de dados.

- **Melhoria Contínua**: Utilize a abordagem de melhoria contínua para otimizar campanhas e processos com base em dados.

Monitoramento e Revisão

- **Acompanhamento Contínuo**: Monitore o desempenho continuamente para garantir que as mudanças estejam produzindo os resultados esperados.

- **Revisão Periódica**: Realize revisões periódicas para avaliar o progresso em relação aos objetivos e ajustar as estratégias conforme necessário.

Exemplo Prático

1. **Objetivo**: Aumentar a taxa de conversão em 15% em um período de 3 meses.

2. **Coleta de Dados**: Use Google Analytics para acompanhar a taxa de conversão atual e identificar páginas com alta taxa de rejeição.

3. **Análise**: Descubra que a taxa de rejeição é alta em uma página específica de produto. Além disso, observe que o tráfego de e-mail está gerando uma boa taxa de conversão.

4. **Interpretação**: A página de produto precisa de melhorias no design e na chamada para ação. O tráfego de e-mail é eficaz e pode ser explorado mais.

5. **Decisão**: Redesenhe a página do produto com uma chamada para ação mais clara e aumente o orçamento para campanhas de e-mail.

6. **Implementação e Otimização**: Após a implementação das mudanças, monitore a taxa de conversão e ajuste a estratégia conforme necessário. Realize testes A/B para avaliar diferentes versões da página de produto.

Tomar decisões baseadas em dados no marketing digital permite uma abordagem mais estratégica e informada, resultando em campanhas mais eficazes e um melhor retorno sobre o investimento. A coleta, análise e interpretação de dados são passos essenciais para otimizar o desempenho e alcançar seus objetivos de marketing.

Inbound Marketing

Conceitos e metodologia do Inbound Marketing

Inbound Marketing é uma estratégia de marketing que foca em atrair clientes de forma natural, em vez de ir atrás deles com técnicas de marketing tradicionais e intrusivas. O objetivo é criar conteúdo relevante e útil que ajude os clientes em potencial a resolver seus problemas e atender suas necessidades, estabelecendo uma conexão genuína e de valor.

Conceitos do Inbound Marketing

1. Atração

- **Objetivo**: Atrair visitantes para o seu site ou plataforma por meio de conteúdo valioso e relevante.

- **Como?**: Utilização de estratégias de SEO, marketing de conteúdo, redes sociais e campanhas pagas para gerar tráfego qualificado.

- **Ferramentas**: Blogs, eBooks, infográficos, posts em redes sociais, vídeos, SEO.

2. Conversão

- **Objetivo**: Converter visitantes em leads (contatos qualificados) por meio de formulários e chamadas para ação (CTAs).

- **Como?**: Oferecimento de conteúdo gratuito em troca de informações de contato, como e-mails e detalhes de perfil.

- **Ferramentas**: Landing pages, formulários de captura, CTAs, ofertas de conteúdo, webinars.

3. Fechamento

- **Objetivo**: Converter leads em clientes através de estratégias de nutrição e automação de marketing.

- **Como?**: Utilização de e-mails personalizados, ofertas direcionadas e acompanhamento através de CRM (Customer Relationship Management).

- **Ferramentas**: E-mail marketing, automação de marketing, CRM, campanhas de nutrição.

4. Encantamento

- **Objetivo**: Fidelizar clientes e transformá-los em defensores da marca que recomendam seus produtos ou serviços.

- **Como?**: Proporcionar uma experiência excepcional ao cliente, continuar a oferecer valor e solicitar feedback.

- **Ferramentas**: Programas de fidelidade, atendimento ao cliente excepcional, pesquisa de satisfação, marketing de conteúdo contínuo.

Metodologia do Inbound Marketing

1. Criação de Personas

- **O que é?**: Perfis fictícios que representam seus clientes ideais.

- **Como?**: Pesquisa de mercado e análise de dados para entender as necessidades, comportamentos e desafios do seu público-alvo.

- **Objetivo**: Criar conteúdo e estratégias que atendam às necessidades e interesses das personas.

2. Criação de Conteúdo

- **O que é?**: Desenvolvimento de conteúdo relevante e valioso para atrair e engajar seu público-alvo.

- **Como?**: Produção de blogs, eBooks, vídeos, infográficos, e outros materiais que respondam perguntas e resolvam problemas das personas.

- **Objetivo**: Atrair visitantes e fornecer valor que os leve a se engajar com sua marca.

3. Otimização para Motores de Busca (SEO)

- **O que é?**: Melhoria da visibilidade do seu site nos resultados dos motores de busca.

- **Como?**: Pesquisa de palavras-chave, otimização de conteúdo, construção de backlinks, e melhorias técnicas no site.

- **Objetivo**: Aumentar o tráfego orgânico e a relevância nos resultados de busca.

4. Desenvolvimento de Landing Pages e CTAs

- **O que é?**: Páginas de destino projetadas para capturar informações de contato dos visitantes.

- **Como?**: Criação de páginas dedicadas com formulários de captura e chamadas para ação claras.

- **Objetivo**: Converter visitantes em leads oferecendo conteúdo ou ofertas valiosas.

5. Automação de Marketing

- **O que é?**: Uso de ferramentas para automatizar tarefas de marketing e personalizar a comunicação com leads.

- **Como?**: Implementação de fluxos de trabalho de e-mail, segmentação de leads, e nutrição automatizada.

- **Objetivo**: Nutrir leads e conduzi-los pelo funil de vendas com menos esforço manual.

6. Análise e Otimização

- **O que é?**: Monitoramento e avaliação do desempenho das suas estratégias de inbound marketing.

- **Como?**: Utilização de ferramentas de análise para avaliar métricas de desempenho, como tráfego do site, taxas de conversão, e ROI.

- **Objetivo**: Ajustar e melhorar continuamente as estratégias com base em dados e resultados.

Etapas do Funil de Inbound Marketing

1. **Topo do Funil (Atração)**

- **Objetivo**: Atrair visitantes.
- **Conteúdo**: Blogs, infográficos, vídeos educativos, posts em redes sociais.
- **Ações**: Publicação de conteúdo para gerar tráfego e engajamento.

2. **Meio do Funil (Conversão)**
   - **Objetivo**: Converter visitantes em leads.
   - **Conteúdo**: eBooks, whitepapers, webinars, checklists.
   - **Ações**: Oferecimento de conteúdo em troca de informações de contato.

3. **Fundo do Funil (Fechamento)**
   - **Objetivo**: Converter leads em clientes.
   - **Conteúdo**: Estudos de caso, demonstrações de produto, propostas personalizadas.
   - **Ações**: Nutrição de leads e acompanhamento personalizado.

4. **Pós-Venda (Encantamento)**
   - **Objetivo**: Fidelizar clientes e promover recomendações.

- **Conteúdo**: Suporte contínuo, newsletters, ofertas exclusivas.

- **Ações**: Programas de fidelidade e suporte ao cliente.

Exemplo Prático de Inbound Marketing

1. **Criação de Persona**: Desenvolva uma persona chamada "Ana, a Gerente de Marketing" que busca melhorar suas estratégias de SEO e precisa de soluções práticas e eficazes.

2. **Criação de Conteúdo**: Publique um blog sobre "10 Dicas de SEO para Melhorar o Ranking do Seu Site" e ofereça um eBook gratuito com um guia completo de SEO em troca do e-mail dos visitantes.

3. **Otimização SEO**: Utilize palavras-chave relevantes no blog e no eBook, otimize as meta descrições e construa backlinks de qualidade.

4. **Landing Page e CTA**: Crie uma landing page para o eBook com um formulário de captura de e-mail e adicione CTAs ao blog para direcionar os leitores para a landing page.

5. **Automação de Marketing**: Configure uma sequência de e-mails que forneça mais dicas de SEO e ofereça uma consulta gratuita para leads que baixaram o eBook.

6. **Análise e Otimização**: Monitore a taxa de conversão da landing page e o desempenho dos e-mails, ajuste as estratégias com base nos resultados e continue otimizando o conteúdo.

O Inbound Marketing foca em atrair, converter, fechar e encantar clientes por meio de estratégias que se concentram em fornecer valor e construir relacionamentos. Ao utilizar os conceitos e metodologias descritos, você pode criar campanhas eficazes que não só atraem leads qualificados, mas também os convertem em clientes fiéis e defensores da marca.

Funil de vendas e jornada do cliente

O **funil de vendas** e a **jornada do cliente** são conceitos fundamentais no marketing digital, que ajudam a entender e otimizar o processo pelo qual um cliente passa desde o primeiro contato com a marca até a conversão e além.

Funil de Vendas

O funil de vendas é um modelo que descreve as etapas pelas quais um prospect (potencial cliente) passa antes de se tornar um cliente efetivo. Ele é geralmente dividido em várias fases:

1. Topo do Funil (TOFU) - Atração

- **Objetivo**: Atrair a atenção de potenciais clientes e gerar interesse.

- **Características**: Alta consciência, foco em criar reconhecimento de marca.

- **Táticas**: Marketing de conteúdo (blogs, eBooks, vídeos), SEO, campanhas em redes sociais, anúncios pagos.

- **Indicadores**: Tráfego do site, número de visitantes, engajamento em redes sociais.

2. Meio do Funil (MOFU) - Consideração

- **Objetivo**: Nutrir leads e educá-los sobre suas necessidades e soluções.

- **Características**: Interesse em soluções específicas, comparação de opções.

- **Táticas**: E-mail marketing, webinars, estudos de caso, comparações de produtos, demonstrações.

- **Indicadores**: Taxa de conversão de leads, taxa de abertura e clique em e-mails, participação em webinars.

3. Fundo do Funil (BOFU) - Decisão

- **Objetivo**: Converter leads em clientes efetivos.

- **Características**: Avaliação final, tomada de decisão.

- **Táticas**: Propostas personalizadas, provas sociais (testemunhos e estudos de caso), ofertas especiais.

- **Indicadores**: Taxa de conversão, custo por aquisição, ROI (retorno sobre investimento).

Jornada do Cliente

A jornada do cliente refere-se ao caminho completo que um cliente percorre, desde a descoberta de um problema ou necessidade até a solução e, eventualmente, a fidelização e lealdade. Ela é mais ampla e abrange toda a experiência com a marca.

1. Descoberta

- **O que é?**: O cliente se torna ciente de um problema ou necessidade.
- **Ações**: Pesquisa online, leitura de blogs, interação em redes sociais.
- **Objetivo**: Educar o cliente sobre o problema e criar reconhecimento da marca.

2. Consideração

- **O que é?**: O cliente começa a considerar diferentes soluções para seu problema.
- **Ações**: Comparação de opções, leitura de avaliações, solicitação de informações.
- **Objetivo**: Fornecer informações detalhadas e relevantes sobre as soluções.

3. Decisão

- **O que é?**: O cliente decide qual solução ou produto adquirir.

- **Ações**: Avaliação de ofertas, negociação, tomada de decisão de compra.

- **Objetivo**: Facilitar a compra com ofertas claras e um processo de compra simples.

4. Experiência de Pós-Compra

- **O que é?**: O cliente usa o produto ou serviço e avalia a experiência.

- **Ações**: Atendimento ao cliente, suporte, feedback.

- **Objetivo**: Garantir a satisfação do cliente e resolver possíveis problemas.

5. Fidelização e Advocacy

- **O que é?**: O cliente se torna leal à marca e pode recomendar para outros.

- **Ações**: Programas de fidelidade, solicitações de feedback, engajamento em redes sociais.

- **Objetivo**: Cultivar a lealdade do cliente e transformar clientes em defensores da marca.

Integração do Funil de Vendas e Jornada do Cliente

1. **Mapeamento da Jornada do Cliente**

    - **Ação:** Identifique os pontos de contato em cada etapa da jornada do cliente e como eles se relacionam com as fases do funil de vendas.

    - **Objetivo:** Compreender onde seus clientes estão no processo e adaptar suas estratégias de marketing e vendas.

2. **Criação de Conteúdo Alinhado**

    - **Ação:** Desenvolva conteúdo específico para cada fase do funil e da jornada do cliente.

    - **Objetivo:** Oferecer valor relevante e oportuno em cada etapa para guiar os clientes pelo funil.

3. **Automação e Nutrição de Leads**

    - **Ação:** Use ferramentas de automação de marketing para nutrir leads com base na fase do funil e nas necessidades identificadas na jornada.

    - **Objetivo:** Manter o engajamento e mover os leads através do funil de vendas de forma eficiente.

4. **Análise e Otimização**

- **Ação**: Monitorar e analisar o desempenho em cada fase do funil e ao longo da jornada do cliente.

- **Objetivo**: Identificar áreas de melhoria e otimizar suas estratégias para aumentar a conversão e a satisfação do cliente.

Exemplo Prático

1. **Descoberta**: Um cliente potencial descobre seu site através de um blog post otimizado para SEO sobre "Como escolher o melhor software de CRM".

2. **Consideração**: Ele baixa um eBook gratuito sobre "Guia Completo para Implementação de CRM" após encontrar uma landing page no seu site.

3. **Decisão**: Recebe uma série de e-mails com estudos de caso e ofertas especiais e decide agendar uma demonstração do produto.

4. **Experiência de Pós-Compra**: Após a compra, o cliente recebe suporte contínuo e acesso a uma base de conhecimento para garantir o uso eficaz do produto.

5. **Fidelização e Advocacy**: O cliente é convidado a participar de um programa de fidelidade e fornece um depoimento positivo que é compartilhado em seu site e nas redes sociais.

O funil de vendas e a jornada do cliente são essenciais para criar uma estratégia de marketing digital eficaz. Compreender como esses conceitos se inter-relacionam permite criar uma abordagem integrada que atrai, converte e fideliza clientes de forma mais eficaz.

Atração, conversão, fechamento e encantamento

A abordagem de **atração, conversão, fechamento e encantamento** é um framework central no **Inbound Marketing**. Ela descreve as etapas principais do funil de vendas e a jornada do cliente, desde a conscientização até a fidelização. Aqui está um detalhamento de cada uma dessas etapas:

1. Atração

Objetivo:

- Atrair visitantes para o seu site ou plataforma, criando consciência e gerando interesse no seu produto ou serviço.

Estratégias e Táticas:

- **Marketing de Conteúdo:** Crie e publique conteúdo relevante e valioso para seu público-alvo. Isso pode incluir blogs, eBooks, infográficos, vídeos e mais.

- **SEO (Otimização para Motores de Busca):** Melhore a visibilidade do seu site nos resultados de busca para atrair tráfego orgânico.

- **Marketing em Redes Sociais:** Utilize plataformas de redes sociais para compartilhar conteúdo, interagir com seu público e aumentar o alcance da marca.

- **Publicidade Paga (PPC):** Invista em anúncios pagos, como Google Ads ou anúncios em redes sociais, para alcançar um público mais amplo.

Indicadores de Desempenho:

- Tráfego do site
- Número de visitantes únicos
- Engajamento em redes sociais
- Taxa de cliques (CTR) em campanhas pagas

2. Conversão

Objetivo:

- Transformar visitantes em leads qualificados, coletando suas informações de contato e começando a construir um relacionamento.

Estratégias e Táticas:

- **Landing Pages:** Crie páginas de destino dedicadas com ofertas de conteúdo ou recursos gratuitos em troca de informações de contato.

- **Formulários de Captura:** Inclua formulários de captura em suas landing pages e no seu site para coletar dados dos visitantes.

- **CTAs (Chamadas para Ação):** Adicione CTAs claras e atraentes em seu conteúdo para incentivar os visitantes a tomar a ação desejada.

- **Ofertas de Conteúdo:** Ofereça materiais de valor, como eBooks, webinars, ou estudos de caso, para incentivar os visitantes a se inscreverem ou baixarem recursos.

Indicadores de Desempenho:

- Taxa de conversão de leads
- Número de leads qualificados
- Taxa de preenchimento de formulários
- Engajamento com ofertas de conteúdo

3. Fechamento

Objetivo:

- Converter leads em clientes pagantes através de estratégias de vendas e nutrição.

Estratégias e Táticas:

- **E-mail Marketing:** Utilize campanhas de e-mail para nutrir leads com informações relevantes e personalizadas, guiando-os ao longo do funil de vendas.

- **Automação de Marketing:** Implemente fluxos de trabalho automatizados para acompanhar e nutrir leads com base em seu comportamento e interações.

- **CRM (Customer Relationship Management):** Use um sistema CRM para gerenciar e acompanhar interações com leads e clientes, facilitando a personalização das abordagens de vendas.

- **Demonstrações e Consultas:** Ofereça demonstrações de produtos ou consultas para ajudar os leads a tomar uma decisão informada.

Indicadores de Desempenho:

- Taxa de conversão de leads em clientes
- Tempo médio para fechar uma venda
- Receita gerada por cliente

- Custo de aquisição de clientes (CAC)

4. Encantamento

Objetivo:

- Fidelizar clientes e transformá-los em defensores da marca, promovendo o engajamento contínuo e a lealdade.

Estratégias e Táticas:

- **Suporte ao Cliente:** Ofereça um excelente atendimento ao cliente para resolver problemas rapidamente e garantir a satisfação.

- **Programas de Fidelidade:** Desenvolva programas de fidelidade ou recompensas para incentivar a retenção e o engajamento contínuo.

- **Marketing de Conteúdo Continuado:** Continue a fornecer conteúdo valioso que ajude seus clientes a aproveitar ao máximo seu produto ou serviço.

- **Solicitação de Feedback:** Peça feedback aos clientes e utilize essas informações para melhorar continuamente seus produtos e serviços.

Indicadores de Desempenho:

- Taxa de retenção de clientes

- Nível de satisfação do cliente
- Net Promoter Score (NPS)
- Taxa de recomendação de clientes

Exemplo Prático

Empresa: Uma empresa de software de CRM.

1. **Atração:** A empresa publica um blog sobre "Como escolher o CRM certo para sua empresa" e promove posts nas redes sociais com links para o blog. Também investe em anúncios pagos direcionados a empresas interessadas em soluções de CRM.

2. **Conversão:** No blog, oferece um eBook gratuito sobre "Guia Completo para Implementação de CRM" em troca do e-mail dos visitantes. Utiliza landing pages dedicadas para capturar informações de contato.

3. **Fechamento:** Envia uma série de e-mails com estudos de caso e ofertas especiais para os leads que baixaram o eBook. Oferece uma demonstração gratuita do software e utiliza um CRM para acompanhar e gerenciar interações.

4. **Encantamento:** Após a compra, oferece suporte contínuo e acesso a um centro de recursos com artigos e tutoriais. Implementa um programa de recompensas

para clientes que indicam novos usuários e solicita feedback regularmente para melhorar o serviço.

Seguir o framework de atração, conversão, fechamento e encantamento ajuda a criar uma abordagem estruturada e eficaz no Inbound Marketing. Compreender e aplicar essas etapas permite atrair visitantes qualificados, converter leads em clientes, fechar vendas de forma eficaz e promover a fidelidade e lealdade dos clientes

Ferramentas de automação de marketing

Ferramentas de automação de marketing são essenciais para otimizar e escalar suas campanhas de marketing, oferecendo uma abordagem mais personalizada e eficiente para gerenciar interações com clientes e leads. Essas ferramentas ajudam a automatizar tarefas repetitivas, nutrir leads, segmentar audiências e analisar dados. Aqui estão algumas das principais ferramentas e suas funcionalidades:

1. HubSpot

Funcionalidades:

- **Automação de E-mail:** Criação de fluxos de trabalho automatizados com e-mails personalizados com base em comportamento e interações.

- **CRM Integrado:** Gerenciamento de contatos, acompanhamento de interações e análise de desempenho.

- **Segmentação e Listas:** Segmentação avançada de contatos com base em dados e comportamentos.

- **Landing Pages e CTAs:** Criação e gerenciamento de páginas de destino e chamadas para ação.

- **Relatórios e Análise:** Relatórios detalhados sobre o desempenho das campanhas e insights acionáveis.

Ideal Para: Empresas de todos os tamanhos que buscam uma solução completa de automação de marketing e CRM.

2. Marketo (Adobe)

Funcionalidades:

- **Automação de Campanhas:** Criação de campanhas automatizadas e segmentadas com base em comportamentos e dados de clientes.

- **Lead Scoring:** Avaliação e priorização de leads com base em seu engajamento e perfil.

- **Segmentação Avançada:** Segmentação detalhada de públicos-alvo e personalização de conteúdo.

- **Integração com CRM:** Integração com sistemas de CRM para sincronização de dados e gerenciamento de contatos.

- **Análise e Relatórios:** Ferramentas de análise para medir o impacto das campanhas e otimizar estratégias.

Ideal Para: Grandes empresas e organizações que precisam de soluções robustas e avançadas de automação de marketing.

3. ActiveCampaign

Funcionalidades:

- **Automação de E-mail e CRM:** E-mail marketing automatizado combinado com funcionalidades de CRM.

- **Automação de Vendas:** Fluxos de trabalho para automatizar processos de vendas e acompanhamento de leads.

- **Segmentação e Personalização:** Segmentação baseada em comportamentos e características dos contatos.

- **Mensagens SMS e Chats:** Integração com mensagens SMS e chats ao vivo para engajamento em tempo real.

- **Relatórios e Análise:** Ferramentas de análise para acompanhar o desempenho e ajustar campanhas.

Ideal Para: Pequenas e médias empresas que procuram uma solução acessível e integrada de automação de marketing e CRM.

4. Pipedrive

Funcionalidades:

- **Gerenciamento de Vendas:** Ferramentas para gerenciar funis de vendas e acompanhar o progresso dos negócios.

- **Automação de Tarefas:** Automação de tarefas repetitivas, como e-mails de acompanhamento e notificações.

- **Segmentação e Listas:** Criação e gerenciamento de listas de contatos e segmentação de públicos.

- **Relatórios e Análise:** Relatórios detalhados sobre o desempenho de vendas e atividades de marketing.

- **Integração com Outras Ferramentas:** Integra-se com várias ferramentas de marketing e CRM.

Ideal Para: Equipes de vendas e pequenas empresas que necessitam de uma solução de CRM com funcionalidades de automação de marketing.

5. Mailchimp

Funcionalidades:

- **Automação de E-mail:** Criação de campanhas de e-mail automatizadas com base em eventos e comportamentos dos contatos.

- **Segmentação de Lista:** Segmentação de listas de contatos e personalização de campanhas de e-mail.

- **Páginas de Destino:** Criação e gestão de landing pages para capturar leads.

- **Relatórios e Análise:** Relatórios sobre o desempenho de campanhas de e-mail e engajamento dos contatos.

- **Integração com CRM:** Integração com ferramentas de CRM e plataformas de e-commerce.

Ideal Para: Pequenas empresas e startups que buscam uma solução acessível e fácil de usar para automação de e-mail marketing.

6. GetResponse

Funcionalidades:

- **Automação de E-mail:** Configuração de campanhas de e-mail automatizadas e fluxos de trabalho.

- **Páginas de Destino e Funis de Vendas:** Criação de landing pages e funis de vendas integrados.

- **Webinars:** Ferramentas para criar e gerenciar webinars como parte da estratégia de marketing.

- **Segmentação e Personalização:** Segmentação avançada de contatos e personalização de e-mails.

- **Análise e Relatórios:** Relatórios detalhados sobre o desempenho das campanhas e engajamento dos contatos.

Ideal Para: Empresas que desejam integrar e-mail marketing, páginas de destino e webinars em uma única plataforma.

7. Sendinblue

Funcionalidades:

- **Automação de E-mail e SMS:** Criação de campanhas de e-mail e SMS automatizadas.

- **Segmentação de Contatos:** Segmentação de listas de contatos com base em comportamentos e características.

- **Páginas de Destino:** Ferramentas para criar landing pages e formulários de captura.

- **CRM Integrado:** Gerenciamento de contatos e acompanhamento de interações.

- **Relatórios e Análise:** Relatórios sobre o desempenho das campanhas e insights sobre engajamento.

Ideal Para: Empresas de todos os tamanhos que precisam de uma solução integrada de e-mail e SMS marketing com funcionalidades de CRM.

8. Drip

Funcionalidades:

- **Automação de E-mail:** Criação de fluxos de trabalho automatizados e segmentados.

- **Segmentação de Contatos:** Segmentação detalhada com base em comportamentos e interações.

- **Personalização:** Personalização de campanhas e e-mails com base em dados dos contatos.

- **Integração com E-commerce:** Integração com plataformas de e-commerce para automação baseada em compras.

- **Análise e Relatórios:** Relatórios detalhados e insights para otimizar campanhas e estratégias.

Ideal Para: Empresas de e-commerce e negócios que necessitam de uma solução avançada de automação de e-mail marketing.

Escolher a ferramenta certa de automação de marketing depende das necessidades específicas da sua empresa, do tamanho do seu time e dos seus objetivos de marketing. As ferramentas mencionadas oferecem uma variedade de funcionalidades para atender diferentes necessidades e orçamentos, desde pequenas empresas até grandes corporações.

E-commerce e Marketing Digital

Fundamentos do comércio eletrônico

Os fundamentos do comércio eletrônico (e-commerce) são essenciais para entender como as empresas operam online e como implementar estratégias eficazes de marketing digital para otimizar a presença e as vendas na web. Aqui está um guia abrangente sobre os principais aspectos do comércio eletrônico:

1. Conceito de Comércio Eletrônico

O comércio eletrônico refere-se à compra e venda de produtos ou serviços através da internet. Ele engloba todas as transações realizadas online, desde a compra de bens físicos até a aquisição de serviços digitais.

2. Modelos de Comércio Eletrônico

B2C (Business-to-Consumer)

- **Descrição:** Empresas vendem produtos ou serviços diretamente para consumidores finais.
- **Exemplos:** Amazon, Walmart, Shopify.

B2B (Business-to-Business)

- **Descrição:** Empresas vendem produtos ou serviços para outras empresas.
- **Exemplos:** Alibaba, Salesforce.

C2C (Consumer-to-Consumer)

- **Descrição:** Consumidores vendem produtos ou serviços para outros consumidores.
- **Exemplos:** eBay, Craigslist.

C2B (Consumer-to-Business)

- **Descrição:** Consumidores oferecem produtos ou serviços para empresas.
- **Exemplos:** Plataformas de freelancers como Upwork, ou sites de revisão de produtos.

3. Componentes de um E-commerce

1. Loja Online

- **Descrição:** O site ou plataforma onde os produtos ou serviços são exibidos e vendidos.
- **Funcionalidades:** Catálogo de produtos, carrinho de compras, checkout, opções de pagamento.

2. *Plataforma de E-commerce*

- **Descrição:** Software ou serviço que gerencia a loja online e facilita transações.
- **Exemplos:** Shopify, Magento, WooCommerce, BigCommerce.

3. *Sistema de Pagamento*

- **Descrição:** Ferramenta para processar pagamentos online.
- **Exemplos:** PayPal, Stripe, Square, gateways de pagamento integrados.

4. *Logística e Entrega*

- **Descrição:** Gerenciamento de inventário, embalagem e envio dos produtos.
- **Funcionalidades:** Rastreamento de pedidos, gerenciamento de devoluções, parcerias com transportadoras.

5. *Atendimento ao Cliente*

- **Descrição:** Suporte oferecido aos clientes antes, durante e após a compra.
- **Funcionalidades:** Chat ao vivo, suporte por e-mail, políticas de devolução e reembolso.

4. Estratégias de Marketing Digital para E-commerce

**1. SEO (Otimização para Motores de Busca)*

- **Objetivo:** Melhorar a visibilidade do site nos motores de busca.

- **Táticas:** Pesquisa de palavras-chave, otimização on-page, construção de backlinks.

**2. Marketing de Conteúdo*

- **Objetivo:** Aumentar o engajamento e atrair visitantes através de conteúdo relevante.

- **Táticas:** Blogs, guias de compra, vídeos de produtos, infográficos.

**3. E-mail Marketing*

- **Objetivo:** Nutrir leads e promover ofertas para clientes existentes.

- **Táticas:** Newsletters, e-mails promocionais, automação de e-mails de recuperação de carrinho.

**4. Publicidade Paga (PPC)*

- **Objetivo:** Aumentar o tráfego e as conversões através de anúncios pagos.

- **Táticas:** Google Ads, anúncios em redes sociais (Facebook, Instagram), retargeting.

**5. Redes Sociais*

- **Objetivo:** Engajar com o público e promover produtos.

- **Táticas:** Postagens regulares, campanhas de anúncios, interações com seguidores.

**6. Análise e Métricas*

- **Objetivo:** Monitorar e otimizar o desempenho das estratégias de marketing.

- **Táticas:** Análise de dados de tráfego, taxa de conversão, comportamento do usuário, relatórios de vendas.

5. Principais Tendências em E-commerce

**1. Mobile Commerce (M-commerce)*

- **Descrição:** Compras realizadas através de dispositivos móveis.

- **Tendência:** Otimização de sites para mobile, aplicativos de e-commerce.

**2. Personalização*

- **Descrição:** Oferecimento de experiências e recomendações personalizadas.

- **Tendência:** Utilização de dados e inteligência artificial para personalização de ofertas e comunicação.

**3. Omnicanalidade

- **Descrição:** Integração de diferentes canais de vendas e comunicação.

- **Tendência:** Experiência consistente entre loja online, redes sociais, e lojas físicas.

**4. Pagamentos por Carteira Digital

- **Descrição:** Pagamentos realizados por meio de carteiras digitais e criptomoedas.

- **Tendência:** Adoção de soluções como Apple Pay, Google Wallet, e criptomoedas.

**5. Automação de Marketing

- **Descrição:** Uso de ferramentas para automatizar processos de marketing.

- **Tendência:** Implementação de chatbots, automação de e-mail e análises preditivas.

6. Desafios do E-commerce

***1. Segurança*

- **Descrição:** Proteção contra fraudes e vazamentos de dados.

- **Solução:** Implementação de certificados SSL, sistemas de detecção de fraude.

***2. Experiência do Usuário (UX)*

- **Descrição:** Garantir uma navegação intuitiva e agradável.

- **Solução:** Design responsivo, otimização de velocidade de carregamento, processo de checkout simplificado.

***3. Concorrência*

- **Descrição:** Competição intensa no mercado de e-commerce.

- **Solução:** Diferenciação através de serviço ao cliente, ofertas exclusivas e personalização.

7. Exemplo de Implementação

Empresa: Loja de roupas online.

1. **Plataforma de E-commerce:** Utiliza Shopify para criar e gerenciar a loja online.

2. **SEO:** Implementa técnicas de SEO para melhorar o ranking nos motores de busca, incluindo a otimização das descrições dos produtos e imagens.

3. **Marketing de Conteúdo:** Publica blogs sobre tendências de moda e guias de estilo.

4. **E-mail Marketing:** Envia newsletters com novidades, promoções e recomendações personalizadas.

5. **Publicidade Paga:** Realiza campanhas de Google Ads e anúncios no Instagram para atrair tráfego qualificado.

6. **Redes Sociais:** Engaja com clientes através de postagens regulares e interações no Instagram e Facebook.

7. **Análise e Métricas:** Utiliza Google Analytics para monitorar o tráfego do site e o comportamento dos usuários.

Compreender os fundamentos do comércio eletrônico é crucial para qualquer estratégia de marketing digital voltada para vendas online. Desde a escolha da plataforma de e-commerce até a implementação de estratégias de marketing e análise de dados, cada componente desempenha um papel vital na criação de uma operação de e-commerce bem-sucedida.

Plataformas de e-commerce e integração com marketing digital

Plataformas de e-commerce são ferramentas essenciais para gerenciar uma loja online, e a integração com estratégias de marketing digital pode maximizar seu sucesso. Aqui está um panorama das principais plataformas de e-commerce e como elas se integram com o marketing digital:

Principais Plataformas de E-commerce

1. Shopify

- **Descrição:** Plataforma popular e fácil de usar, ideal para pequenas e médias empresas.

- **Recursos:** Design personalizável, gestão de inventário, gateways de pagamento integrados, suporte a múltiplos canais de vendas.

- **Integração com Marketing Digital:**
    - **SEO:** Ferramentas integradas para otimização de SEO, como meta tags e sitemaps.
    - **E-mail Marketing:** Integrações com ferramentas como Mailchimp e Klaviyo.
    - **Publicidade Paga:** Integrações com Google Ads e Facebook Ads para campanhas publicitárias.

- **Analytics:** Google Analytics e relatórios detalhados sobre desempenho de vendas.

2. *Magento (Adobe Commerce)*

- **Descrição:** Plataforma de e-commerce robusta e escalável, adequada para empresas maiores e complexas.

- **Recursos:** Personalização avançada, escalabilidade, suporte a múltiplos idiomas e moedas, gerenciamento de inventário.

- **Integração com Marketing Digital:**

    - **SEO:** Recursos avançados de SEO, incluindo URLs amigáveis e gerenciamento de meta tags.

    - **E-mail Marketing:** Integrações com soluções como Dotdigital e Bronto.

    - **Publicidade Paga:** Integrações com Google Ads e Facebook Ads.

    - **Analytics:** Google Analytics, além de análises avançadas integradas.

3. *WooCommerce*

- **Descrição:** Plugin de e-commerce para WordPress, ideal para pequenas e médias empresas que já utilizam WordPress.

- **Recursos:** Flexibilidade, personalização, integração com WordPress, suporte a múltiplos gateways de pagamento.

- **Integração com Marketing Digital:**

    - **SEO:** Plugins de SEO para WordPress, como Yoast SEO.

    - **E-mail Marketing:** Integrações com ferramentas como Mailchimp e HubSpot.

    - **Publicidade Paga:** Integrações com Google Ads e Facebook Ads.

    - **Analytics:** Google Analytics e relatórios detalhados sobre vendas e comportamento do usuário.

4. BigCommerce

- **Descrição:** Plataforma baseada em nuvem que oferece uma variedade de ferramentas para gerenciar uma loja online.

- **Recursos:** Design responsivo, escalabilidade, suporte a múltiplos canais de vendas, ferramentas de SEO integradas.

- **Integração com Marketing Digital:**

    - **SEO:** Ferramentas integradas de SEO, como otimização de meta tags e URLs.

- **E-mail Marketing:** Integrações com ferramentas como Klaviyo e Mailchimp.
- **Publicidade Paga:** Integrações com Google Ads e Facebook Ads.
- **Analytics:** Google Analytics e relatórios avançados sobre desempenho de vendas.

5. *Wix eCommerce*

- **Descrição:** Solução de e-commerce integrada ao construtor de sites Wix, voltada para pequenas empresas e empreendedores.
- **Recursos:** Design intuitivo, fácil configuração, suporte a métodos de pagamento e opções de envio.
- **Integração com Marketing Digital:**
  - **SEO:** Ferramentas básicas de SEO integradas.
  - **E-mail Marketing:** Integrações com soluções como Wix Email Marketing.
  - **Publicidade Paga:** Integrações com Google Ads e Facebook Ads.
  - **Analytics:** Google Analytics e relatórios básicos sobre vendas.

Integração com Marketing Digital

1. SEO (Otimização para Motores de Busca)

- **Como Integrar:**

    o **Plataformas:** Utilize ferramentas de SEO integradas ou plugins específicos para otimizar meta tags, URLs e conteúdo.

    o **Táticas:** Realize otimização contínua de páginas de produtos, categorias e blog posts para melhorar o ranking nos motores de busca.

2. E-mail Marketing

- **Como Integrar:**

    o **Plataformas:** Conecte sua plataforma de e-commerce com ferramentas de e-mail marketing para criar e gerenciar campanhas automatizadas.

    o **Táticas:** Envie e-mails de carrinho abandonado, newsletters, promoções personalizadas e atualizações de produtos.

3. Publicidade Paga (PPC)

- **Como Integrar:**

    o **Plataformas:** Utilize integrações para criar campanhas publicitárias em Google Ads e redes sociais diretamente a partir da plataforma de e-commerce.

- **Táticas:** Configure campanhas de retargeting para atingir visitantes que não concluíram a compra e promova produtos específicos com anúncios pagos.

4. Redes Sociais

- **Como Integrar:**
  - **Plataformas:** Conecte sua loja online com plataformas de redes sociais para vender diretamente através de canais como Facebook e Instagram.
  - **Táticas:** Utilize postagens orgânicas e anúncios pagos para promover produtos e engajar com seu público-alvo.

5. Analytics e Relatórios

- **Como Integrar:**
  - **Plataformas:** Integre ferramentas de análise como Google Analytics para monitorar o desempenho da loja online e o comportamento dos usuários.
  - **Táticas:** Acompanhe métricas chave como taxa de conversão, tráfego do site, e comportamento de compra para otimizar suas estratégias de marketing.

Exemplos de Implementação

Exemplo 1: Loja de Cosméticos Online

1. **Plataforma:** Shopify

2. **SEO:** Utiliza ferramentas de SEO integradas para otimizar páginas de produtos.

3. **E-mail Marketing:** Integra Mailchimp para enviar campanhas de e-mail automatizadas com promoções e novidades.

4. **Publicidade Paga:** Configura campanhas de Google Ads e Facebook Ads diretamente a partir do painel do Shopify.

5. **Redes Sociais:** Sincroniza com Instagram e Facebook para vendas diretas e anúncios.

6. **Analytics:** Utiliza Google Analytics para monitorar o desempenho da loja e ajustar estratégias conforme necessário.

Exemplo 2: Loja de Roupas Online

1. **Plataforma:** WooCommerce

2. **SEO:** Utiliza o plugin Yoast SEO para otimização de conteúdo.

3. **E-mail Marketing:** Integra HubSpot para campanhas de nutrição e promoções personalizadas.

4. **Publicidade Paga:** Configura campanhas de Google Ads e Facebook Ads com base em dados de comportamento do usuário.

5. **Redes Sociais:** Publica e promove produtos nas redes sociais usando ferramentas integradas.

6. **Analytics:** Utiliza Google Analytics para relatórios detalhados e insights sobre vendas e comportamento dos clientes.

A escolha da plataforma de e-commerce e sua integração com estratégias de marketing digital desempenham um papel crucial no sucesso de uma loja online. Com uma integração eficaz, você pode otimizar suas operações de e-commerce, melhorar a visibilidade online, engajar com clientes e aumentar as vendas.

Estratégias de marketing para e-commerce

Desenvolver estratégias de marketing eficazes para e-commerce é crucial para atrair visitantes, converter leads e maximizar as vendas. Aqui estão algumas das principais estratégias de marketing para e-commerce, abrangendo diferentes canais e técnicas:

1. Otimização para Motores de Busca (SEO)

Objetivo:

- Melhorar a visibilidade do seu site nos motores de busca e atrair tráfego orgânico.

Táticas:

- **Pesquisa de Palavras-Chave:** Identifique palavras-chave relevantes para seu nicho e produtos.

- **Otimização On-Page:** Melhore títulos, meta descrições, URLs e headings com palavras-chave.

- **Conteúdo de Qualidade:** Crie descrições detalhadas e otimizadas para produtos, além de blogs e artigos relacionados.

- **Link Building:** Construa backlinks de qualidade para aumentar a autoridade do seu site.

2. Marketing de Conteúdo

Objetivo:

- Engajar e educar seu público, estabelecendo a marca como uma autoridade no setor.

Táticas:

- **Blog:** Publique artigos relevantes sobre tendências, dicas e guias relacionados ao seu nicho.

- **Vídeos:** Crie vídeos demonstrativos de produtos, tutoriais e depoimentos de clientes.

- **Infográficos:** Use infográficos para simplificar informações complexas e torná-las compartilháveis.

- **E-books e Whitepapers:** Ofereça conteúdos aprofundados em troca de informações de contato.

3. E-mail Marketing

Objetivo:

- Nutrir leads, promover produtos e aumentar a fidelidade dos clientes.

Táticas:

- **Newsletters:** Envie atualizações regulares sobre novos produtos, ofertas e notícias da empresa.

- **E-mails Automatizados:** Configure e-mails de carrinho abandonado, e-mails de boas-vindas e mensagens de recuperação de clientes.

- **Segmentação:** Personalize e-mails com base em comportamento e preferências dos usuários.

4. Publicidade Paga (PPC)

Objetivo:

- Aumentar o tráfego e as conversões através de anúncios pagos.

Táticas:

- **Google Ads:** Crie campanhas de busca e display para promover produtos e captar leads.

- **Social Media Ads:** Utilize Facebook Ads, Instagram Ads e outras plataformas sociais para alcançar seu público-alvo.

- **Retargeting:** Implemente campanhas de retargeting para reengajar visitantes que não concluíram uma compra.

5. Redes Sociais

Objetivo:

- Aumentar a visibilidade da marca, engajar com o público e promover produtos.

Táticas:

- **Postagens Regulares:** Compartilhe atualizações de produtos, ofertas e conteúdo relevante.

- **Anúncios Patrocinados:** Utilize anúncios pagos para alcançar um público mais amplo.

- **Interação:** Responda a comentários e mensagens para construir relacionamento com clientes.

6. Marketing de Influenciadores

Objetivo:

- Aproveitar a audiência e a credibilidade dos influenciadores para promover produtos.

Táticas:

- **Parcerias com Influenciadores:** Colabore com influenciadores relevantes no seu nicho para criar conteúdo patrocinado.

- **Campanhas de Afiliados:** Crie um programa de afiliados para que influenciadores promovam seus produtos em troca de comissões.

7. Programas de Fidelidade e Recompensas

Objetivo:

- Incentivar a lealdade e recompensar clientes frequentes.

Táticas:

- **Programas de Pontos:** Ofereça pontos por compras que podem ser trocados por descontos ou produtos.

- **Descontos e Ofertas Exclusivas:** Proporcione descontos especiais para membros do programa de fidelidade.

8. Otimização da Taxa de Conversão (CRO)

Objetivo:

- Melhorar a eficácia do site em converter visitantes em clientes.

Táticas:

- **Testes A/B:** Realize testes A/B em páginas de produtos, CTAs e layouts para identificar o que gera mais conversões.

- **Melhoria da Experiência do Usuário (UX):** Garanta que o site seja fácil de navegar, rápido e responsivo em dispositivos móveis.

- **Provas Sociais:** Inclua avaliações, depoimentos e estudos de caso para aumentar a confiança dos clientes.

9. Marketing de Vídeo

Objetivo:

- Aumentar o engajamento e as conversões através de conteúdo visual.

Táticas:

- **Demonstrações de Produtos:** Crie vídeos mostrando como os produtos funcionam e seus benefícios.

- **Testemunhos de Clientes:** Publique vídeos de clientes satisfeitos compartilhando suas experiências.

- **Lives e Webinars:** Realize transmissões ao vivo e webinars para interagir diretamente com seu público e responder a perguntas.

10. Análise e Otimização

Objetivo:

- Monitorar o desempenho das estratégias e ajustar conforme necessário.

Táticas:

- **Google Analytics:** Acompanhe métricas como tráfego, taxas de conversão e comportamento dos usuários.

- **Relatórios de Desempenho:** Gere relatórios para analisar o impacto das campanhas de marketing e identificar áreas para melhoria.

- **Feedback dos Clientes:** Colete e analise feedback dos clientes para aprimorar produtos e serviços.

Exemplos de Implementação

Exemplo 1: Loja de Eletrônicos Online

1. **SEO:** Otimiza descrições de produtos e cria conteúdo sobre tecnologia.

2. **E-mail Marketing:** Envia e-mails automatizados de carrinho abandonado e newsletters com ofertas especiais.

3. **Publicidade Paga:** Utiliza Google Ads e campanhas de retargeting para reengajar visitantes.

4. **Redes Sociais:** Publica atualizações sobre novos produtos e realiza anúncios no Facebook e Instagram.

Exemplo 2: Loja de Moda Online

1. **Marketing de Conteúdo:** Cria um blog sobre tendências de moda e publica vídeos de desfiles.

2. **Programas de Fidelidade:** Oferece um programa de pontos e descontos exclusivos para clientes frequentes.

3. **Marketing de Influenciadores:** Colabora com influenciadores de moda para promover novas coleções.

4. **Otimização da Taxa de Conversão:** Realiza testes A/B em páginas de produtos e otimiza o processo de checkout.

Implementar estratégias de marketing eficazes para e-commerce requer uma abordagem integrada e adaptada às necessidades específicas de seu negócio. Desde SEO e marketing de conteúdo até publicidade paga e redes sociais, cada tática desempenha um papel importante na atração e conversão de clientes.

Otimização de conversões e vendas online

A otimização de conversões e vendas online é essencial para maximizar o retorno sobre o investimento (ROI) em marketing e garantir que você esteja aproveitando ao máximo o tráfego que seu site recebe. Aqui estão algumas estratégias eficazes para melhorar a taxa de conversão e impulsionar as vendas online:

1. Otimização da Experiência do Usuário (UX)

1.1. Design Responsivo

- **Descrição:** Assegure-se de que seu site seja compatível com dispositivos móveis e funcione bem em diferentes tamanhos de tela.
- **Tática:** Utilize um design responsivo que se adapte automaticamente a qualquer dispositivo.

1.2. Navegação Intuitiva

- **Descrição:** Facilite a navegação no site para que os usuários encontrem o que precisam rapidamente.

- **Tática:** Mantenha uma estrutura de menu clara, filtros de produtos eficientes e um sistema de pesquisa robusto.

1.3. Velocidade de Carregamento

- **Descrição:** Um site lento pode frustrar os usuários e aumentar a taxa de rejeição.

- **Tática:** Otimize imagens, utilize caching e escolha um bom provedor de hospedagem para melhorar o tempo de carregamento.

1.4. Design Atraente e Limpo

- **Descrição:** Um design visualmente atraente pode melhorar a experiência do usuário e a confiança na marca.

- **Tática:** Utilize um layout limpo, cores consistentes com a identidade da marca e imagens de alta qualidade.

2. Otimização do Processo de Checkout

2.1. Simplificação do Checkout

- **Descrição:** Um processo de checkout complexo pode levar ao abandono do carrinho.

- **Tática:** Reduza o número de etapas no checkout e ofereça uma opção de checkout como convidado.

2.2. Transparência nos Custos

- **Descrição:** Evite surpresas no final do processo de compra.//
- **Tática:** Mostre os custos de envio e impostos claramente durante o processo de checkout.

2.3. Vários Métodos de Pagamento

- **Descrição:** Ofereça várias opções de pagamento para atender às preferências dos clientes.
- **Tática:** Inclua métodos como cartões de crédito, PayPal, e carteiras digitais.

2.4. Segurança e Confiança

- **Descrição:** Reforce a confiança do cliente com medidas de segurança.
- **Tática:** Utilize certificados SSL e exiba selos de segurança no checkout.

3. Melhoria das Páginas de Produtos

3.1. Descrições de Produtos Atraentes

- **Descrição:** Descrições detalhadas e persuasivas ajudam os clientes a entender melhor os produtos.

- **Tática:** Inclua informações sobre características, benefícios e usos dos produtos.

3.2. Imagens de Alta Qualidade

- **Descrição:** Imagens nítidas e atraentes aumentam a probabilidade de conversão.

- **Tática:** Utilize imagens de alta resolução e permita visualizações em 360 graus ou vídeos dos produtos.

3.3. Avaliações e Depoimentos

- **Descrição:** Provas sociais podem aumentar a confiança e a credibilidade.

- **Tática:** Exiba avaliações de clientes e depoimentos de forma destacada na página do produto.

4. Personalização e Segmentação

4.1. Recomendação de Produtos

- **Descrição:** Recomendação personalizada pode aumentar a compra de produtos adicionais.

- **Tática:** Utilize algoritmos de recomendação para sugerir produtos baseados no histórico de navegação e compras anteriores.

4.2. Segmentação de Público

- **Descrição:** Direcione ofertas e mensagens para segmentos específicos do público.

- **Tática:** Crie campanhas segmentadas baseadas em dados demográficos, comportamento de compra e interesses.

4.3. E-mails Personalizados

- **Descrição:** E-mails direcionados podem melhorar o engajamento e a conversão.

- **Tática:** Envie e-mails personalizados com recomendações de produtos, ofertas exclusivas e atualizações baseadas no comportamento do usuário.

5. A/B Testing e Análise de Dados

5.1. Testes A/B

- **Descrição:** Teste diferentes versões de páginas e elementos para determinar o que funciona melhor.

- **Tática:** Realize testes A/B em chamadas para ação (CTAs), layouts de páginas e ofertas.

5.2. Análise de Dados

- **Descrição:** Use dados para tomar decisões informadas e ajustar estratégias.

- **Tática:** Monitore métricas de desempenho como taxa de conversão, taxa de rejeição e valor médio do pedido para identificar áreas de melhoria.

6. Marketing de Retargeting

6.1. Recuperação de Carrinho Abandonado

- **Descrição:** Reengaje clientes que adicionaram produtos ao carrinho mas não concluíram a compra.

- **Tática:** Envie e-mails ou anúncios de retargeting com lembretes e incentivos para finalizar a compra.

6.2. Campanhas de Retargeting

- **Descrição:** Alcance visitantes que já interagiram com seu site.

- **Tática:** Use anúncios de retargeting em redes sociais e Google Ads para reengajar visitantes com produtos que visualizaram anteriormente.

7. Otimização para Conversões Móveis

7.1. Design Mobile-Friendly

- **Descrição:** Garanta que a experiência de compra em dispositivos móveis seja tão eficaz quanto no desktop.

- **Tática:** Utilize um design responsivo que facilite a navegação e o checkout em dispositivos móveis.

7.2. Otimização de Formulários

- **Descrição:** Formulários móveis devem ser simples e fáceis de preencher.

- **Tática:** Reduza o número de campos e utilize preenchimento automático para melhorar a experiência móvel.

Exemplos de Implementação

Exemplo 1: Loja de Eletrônicos Online

1. **Experiência do Usuário:** Implementa um design responsivo e melhora a navegação com filtros de produtos.

2. **Checkout:** Simplifica o processo de checkout e adiciona opções de pagamento múltiplas.

3. **Páginas de Produtos:** Melhora as descrições e imagens dos produtos e exibe avaliações de clientes.

4. **Retargeting:** Usa e-mails de carrinho abandonado e anúncios de retargeting para reengajar visitantes.

Exemplo 2: Loja de Moda Online

1. **Personalização:** Adiciona recomendações de produtos personalizadas e segmenta campanhas de e-mail.

2. **Testes A/B:** Realiza testes A/B em CTAs e layouts de páginas de produtos para melhorar as conversões.

3. **Análise de Dados:** Monitora métricas de desempenho e ajusta as estratégias com base em dados de comportamento dos clientes.

4. **Otimização Móvel:** Garante que o site seja totalmente otimizado para dispositivos móveis e simplifica formulários de checkout.

A otimização de conversões e vendas online envolve uma abordagem multifacetada, abordando desde a experiência do usuário até a análise de dados e marketing de retargeting. Implementar essas estratégias pode ajudar a melhorar a eficiência do seu site, aumentar a satisfação do cliente e, em última instância, impulsionar suas vendas.

Mobile Marketing

Importância do marketing móvel

O marketing móvel é uma estratégia crucial no cenário atual, onde a utilização de dispositivos móveis está em constante crescimento. Aqui estão os principais pontos que destacam a importância do marketing móvel:

1. Crescimento do Uso de Dispositivos Móveis

- **Adoção Generalizada**: Com o aumento do uso de smartphones e tablets, as pessoas passam uma quantidade significativa de tempo em dispositivos móveis, seja para navegar na internet, fazer compras, ou usar redes sociais.
- **Tempo de Tela**: Estudos mostram que os usuários passam mais tempo em aplicativos móveis e navegadores móveis do que em computadores de desktop.

2. Acesso Imediato e Localização

- **Acesso Instantâneo**: Dispositivos móveis permitem que os consumidores acessem informações e façam compras a qualquer hora e em qualquer lugar.
- **Geolocalização**: A capacidade de segmentar usuários com base em sua localização permite oferecer promoções e informações relevantes no momento certo e no lugar certo.

3. Experiência do Usuário Personalizada

- **Personalização**: Com base em comportamentos e preferências de uso, as campanhas de marketing móvel podem ser altamente personalizadas para atender às necessidades individuais dos usuários.
- **Notificações Push**: Permitem interagir diretamente com os usuários, enviando mensagens relevantes e oportunas diretamente para seus dispositivos móveis.

4. Aumento das Taxas de Conversão

- **Facilidade de Compra**: Acesso rápido a sites móveis otimizados e aplicativos de compras facilita a conversão de visitantes em clientes.
- **Processo de Compra Simplificado**: Aplicativos móveis frequentemente oferecem processos de checkout simplificados e opções de pagamento mais rápidas.

5. Integração com Outras Estratégias de Marketing

- **Campanhas Multicanal**: O marketing móvel pode ser integrado com estratégias de marketing digital existentes, como e-mail marketing, SEO, e redes sociais, para criar campanhas coesas e eficazes.
- **Dados e Análise**: Dados coletados através de dispositivos móveis podem informar e melhorar outras estratégias de marketing, ajudando a entender o comportamento do consumidor e ajustar as campanhas conforme necessário.

6. Inovação e Tendências Tecnológicas

- **Tecnologias Emergentes**: O marketing móvel permite aproveitar tecnologias emergentes como realidade aumentada (AR), inteligência artificial (IA) e chatbots para criar experiências interativas e inovadoras.
- **Apps e Jogos**: O desenvolvimento de aplicativos móveis e jogos pode proporcionar oportunidades adicionais para engajar e reter clientes.

Exemplos de Estratégias de Marketing Móvel

- **Campanhas de SMS e MMS**: Envio de mensagens promocionais diretamente para o celular dos usuários.
- **Marketing de Aplicativos**: Promoção e otimização de aplicativos móveis para aumentar downloads e engajamento.
- **Publicidade em Mídias Sociais**: Anúncios direcionados em plataformas de redes sociais acessíveis por dispositivos móveis.

O marketing móvel é fundamental para alcançar e engajar os consumidores no ambiente digital atual. Com a crescente dependência dos dispositivos móveis para a navegação na internet e compras, as empresas devem adaptar suas estratégias para maximizar o impacto e a eficácia das campanhas direcionadas a esses dispositivos. Implementar uma estratégia de marketing móvel bem planejada pode levar a um aumento significativo na visibilidade da marca, engajamento do cliente e conversões.

Criação de campanhas mobile-friendly

Criar campanhas mobile-friendly é essencial para garantir que suas mensagens e ofertas sejam eficazes em dispositivos móveis, onde os usuários passam uma quantidade significativa de tempo. Aqui estão os passos e melhores práticas para criar campanhas que oferecem uma excelente experiência em dispositivos móveis:

1. Design Responsivo

- **Layouts Adaptáveis**: Utilize designs responsivos que se ajustem automaticamente ao tamanho da tela do dispositivo. Isso garante que o conteúdo seja legível e atraente, independentemente do dispositivo usado.
- **Testes em Diferentes Dispositivos**: Verifique como seus emails, anúncios e páginas de destino aparecem em diferentes dispositivos móveis e tamanhos de tela para garantir uma experiência consistente.

2. Otimização de Conteúdo

- **Textos Concisos**: Mantenha textos curtos e diretos. A tela do celular tem espaço limitado, então, use uma linguagem clara e objetiva.
- **Call-to-Actions (CTAs) Claros**: Coloque botões de chamada para ação (CTA) que sejam grandes o suficiente para serem facilmente clicados e visíveis sem precisar rolar a página.
- **Imagens Otimizadas**: Utilize imagens de alta qualidade que carreguem rapidamente e sejam otimizadas para dispositivos móveis, para evitar longos tempos de carregamento.

3. Velocidade de Carregamento

- **Pagespeed**: Certifique-se de que suas páginas de destino carreguem rapidamente. O tempo de carregamento lento pode levar à alta taxa de rejeição e perda de visitantes.
- **Compressão de Imagens**: Use ferramentas de compressão para reduzir o tamanho das imagens sem comprometer a qualidade.

4. Facilidade de Navegação

- **Menus e Navegação**: Crie menus simples e fáceis de usar com botões grandes e espaçados adequadamente para evitar cliques acidentais.
- **Formulários Simples**: Reduza o número de campos nos formulários para facilitar o preenchimento em dispositivos móveis. Utilize preenchimento automático e teclados apropriados para facilitar a entrada de dados.

5. Experiência de Usuário

- **Scroll e Tamanho do Texto**: Evite a necessidade de rolar horizontalmente e garanta que o texto seja legível sem precisar aumentar o zoom.
- **Feedback Visual**: Ofereça feedback visual claro, como indicadores de carregamento ou mensagens de sucesso/falha, para informar os usuários sobre o status das ações que realizam.

6. Testes e Ajustes

- **Testes A/B**: Realize testes A/B para diferentes elementos das suas campanhas, como CTAs, imagens e textos, para identificar quais variantes funcionam melhor em dispositivos móveis.
- **Análise de Dados**: Utilize ferramentas de análise para monitorar o desempenho das campanhas em dispositivos móveis e ajuste sua estratégia com base nos dados coletados.

7. Integração com Outras Estratégias

- **Sincronização com Mídias Sociais**: Integre suas campanhas móveis com suas estratégias de mídia social para aproveitar o tráfego gerado por essas plataformas.
- **Utilização de Geolocalização**: Aproveite a geolocalização para enviar ofertas ou mensagens personalizadas com base na localização do usuário.

Exemplos Práticos

- **Emails Mobile-Friendly**: Crie emails com design responsivo que se ajustem a diferentes tamanhos de tela, usando layouts de uma coluna e texto grande o suficiente para leitura fácil.
- **Anúncios em Redes Sociais**: Otimize os anúncios para visualização em dispositivos móveis, garantindo que imagens e textos sejam claros e atraentes em telas menores.

- **Landing Pages**: Desenvolva páginas de destino que carreguem rapidamente, sejam fáceis de navegar e incluam CTAs visíveis e acessíveis.

Ao seguir essas práticas e garantir que suas campanhas sejam projetadas com uma mentalidade mobile-first, você maximiza a eficácia da sua comunicação, melhora a experiência do usuário e aumenta as chances de conversão em dispositivos móveis.

SMS marketing e notificações push

SMS Marketing e **Notificações Push** são duas estratégias eficazes de marketing móvel que permitem comunicar-se diretamente com os usuários em seus dispositivos móveis. Cada uma tem suas próprias características e benefícios, e ambas podem ser utilizadas para alcançar e engajar seu público de maneiras diferentes.

SMS Marketing

Descrição: O SMS marketing envolve o envio de mensagens de texto promocionais diretamente para os celulares dos usuários. É uma forma de comunicação direta que pode ser altamente eficaz quando usada corretamente.

Benefícios

1. **Alta Taxa de Abertura**: A maioria das mensagens de texto é aberta e lida rapidamente, muitas vezes dentro de minutos após o recebimento.
2. **Comunicação Direta**: Permite alcançar diretamente os consumidores em seus dispositivos móveis, com uma abordagem mais pessoal e imediata.
3. **Simplicidade**: Mensagens de texto são simples e diretas, facilitando a transmissão de informações importantes ou promoções rápidas.

Melhores Práticas

1. **Consentimento**: Certifique-se de obter permissão explícita dos usuários antes de enviar mensagens SMS para evitar problemas de conformidade e garantir que sua comunicação seja bem recebida.
2. **Mensagens Curtas e Claras**: Mantenha as mensagens breves e diretas. As mensagens SMS têm um limite de 160 caracteres, então seja conciso e inclua uma chamada para ação clara.
3. **Ofertas e Promoções**: Utilize SMS para enviar ofertas especiais, promoções exclusivas e lembretes de eventos.
4. **Opt-out Fácil**: Inclua uma opção simples para os usuários se desinscreverem (opt-out) das mensagens, respeitando a privacidade e preferências deles.

Ferramentas e Plataformas

- **Twilio**: Oferece uma plataforma robusta para enviar SMS e integrar com outras ferramentas de marketing.
- **Sendinblue**: Fornece serviços de SMS marketing junto com outras funcionalidades de marketing digital.
- **SimpleTexting**: Especializada em SMS marketing com recursos de automação e análise.

Notificações Push

Descrição: Notificações push são mensagens enviadas diretamente para a tela inicial dos dispositivos móveis dos usuários através de aplicativos móveis ou navegadores web.

Benefícios

1. **Engajamento Imediato**: As notificações push aparecem diretamente na tela de bloqueio do dispositivo, capturando a atenção dos usuários de maneira instantânea.
2. **Personalização**: Permite segmentar notificações com base em comportamentos, interesses e localização dos usuários, aumentando a relevância.
3. **Recursos Interativos**: Oferece a possibilidade de incluir ações diretas (como botões) dentro da notificação para facilitar interações imediatas.

Melhores Práticas

1. **Segmente Seus Usuários**: Envie notificações personalizadas com base em dados demográficos, comportamento e localização dos usuários para aumentar a relevância.
2. **Não Exagere**: Evite enviar notificações excessivas para não causar desconforto e desengajamento. Envie mensagens com propósito e valor real para o usuário.
3. **Incentive Ações**: Inclua CTAs claros e atraentes para encorajar ações imediatas, como "Compre Agora", "Saiba Mais" ou "Reserve Seu Lugar".
4. **Testes e Otimização**: Realize testes A/B para identificar quais mensagens, horários e frequências geram melhor desempenho.

Ferramentas e Plataformas

- **OneSignal**: Plataforma popular para enviar notificações push web e móveis com recursos de segmentação e automação.
- **Firebase Cloud Messaging (FCM)**: Oferece notificações push gratuitas para aplicativos móveis e web, com integração ao Google Firebase.
- **Pusher**: Fornece notificações push e mensagens em tempo real com suporte a aplicativos móveis e web.

Comparação

- **SMS Marketing**: Melhor para comunicação direta e mensagens simples, com alta taxa de abertura. Ideal para ofertas e lembretes.
- **Notificações Push**: Ideal para engajamento contínuo, interações rápidas e personalização com base em comportamento. Requer que o usuário tenha um aplicativo instalado ou permita notificações no navegador.

Ambas as estratégias podem ser extremamente eficazes quando usadas corretamente, e podem até ser complementares em uma abordagem de marketing móvel mais abrangente. Integrar SMS marketing e notificações push com suas outras estratégias de marketing pode ajudar a maximizar o engajamento e a conversão de seus usuários móveis.

Aplicativos móveis e estratégias de engajamento

Os aplicativos móveis oferecem uma plataforma poderosa para engajar e interagir com usuários de forma mais personalizada e direta. Desenvolver estratégias eficazes de engajamento é essencial para maximizar o valor dos aplicativos móveis e manter os usuários ativos e satisfeitos. Aqui estão algumas estratégias e melhores práticas para engajar os usuários através de aplicativos móveis:

1. Ofereça Valor Imediato

- **Onboarding Eficiente**: Proporcione uma experiência de introdução simples e clara que ajude os usuários a entender rapidamente o valor do aplicativo.
- **Funcionalidades Relevantes**: Destaque as principais funcionalidades do aplicativo que atendem às necessidades e interesses dos usuários desde o início.

2. **Personalização e Relevância**

- **Conteúdo Personalizado**: Utilize dados do usuário para oferecer conteúdo e recomendações personalizadas com base em comportamento, preferências e histórico de uso.
- **Notificações Push Segmentadas**: Envie notificações personalizadas que sejam relevantes para o comportamento e interesses do usuário, evitando notificações genéricas que podem causar desengajamento.

3. **Engajamento Proativo**

- **Notificações Push e In-App Messaging**: Use notificações push e mensagens dentro do aplicativo para lembrar os usuários sobre eventos importantes, ofertas especiais ou novos conteúdos.
- **Gamificação**: Adicione elementos de gamificação, como desafios, recompensas e conquistas, para tornar o uso do aplicativo mais divertido e envolvente.

4. **Facilidade de Uso e Experiência do Usuário (UX)**

- **Design Intuitivo**: Garanta que o design do aplicativo seja intuitivo e fácil de navegar, com uma interface de usuário clara e elementos interativos bem posicionados.
- **Performance e Velocidade**: Otimize o desempenho do aplicativo para garantir tempos de resposta rápidos e uma experiência de usuário fluida.

5. Fidelização e Retenção

- **Programas de Fidelidade**: Implemente programas de fidelidade que recompensem os usuários por sua frequência e engajamento com o aplicativo.
- **Feedback e Suporte**: Ofereça canais de feedback e suporte acessíveis para que os usuários possam relatar problemas e sugerir melhorias.

6. Incentive Interações Regulares

- **Atualizações Frequentes**: Atualize o aplicativo regularmente com novos recursos, melhorias e correções de bugs para manter o interesse dos usuários.
- **Conteúdo Novo**: Adicione regularmente novo conteúdo ou recursos que incentivem os usuários a retornar e interagir com o aplicativo.

7. Análise e Melhoria Contínua

- **Monitoramento de Métricas**: Utilize ferramentas de análise para monitorar métricas importantes, como tempo de uso, frequência de retorno e taxa de retenção.

- **Testes e Iteração**: Realize testes A/B para experimentar diferentes elementos do aplicativo e ajustar com base nos resultados e feedback dos usuários.

8. Integração com Outras Plataformas

- **Integração com Redes Sociais**: Permita que os usuários compartilhem conteúdo e interajam com suas redes sociais diretamente através do aplicativo.
- **Sincronização Multicanal**: Sincronize o aplicativo com outras plataformas e canais de marketing para uma experiência de usuário coesa e integrada.

Exemplos de Estratégias de Engajamento

- **Ofertas e Promoções Exclusivas**: Ofereça descontos e promoções especiais exclusivamente para usuários do aplicativo para incentivá-los a usar o aplicativo regularmente.
- **Desafios e Competências**: Crie desafios e competições que incentivem os usuários a se envolver mais com o aplicativo e com outros usuários.
- **Notificações Baseadas em Localização**: Utilize geofencing para enviar notificações personalizadas baseadas na localização dos usuários, como ofertas especiais em lojas próximas.

Ferramentas e Recursos

- **Firebase**: Oferece ferramentas para análise de aplicativos, notificações push e mensagens in-app.
- **Leanplum**: Plataforma de engajamento de aplicativos móveis com funcionalidades de personalização, mensagens e análise.
- **Mixpanel**: Ferramenta de análise para monitorar o comportamento dos usuários e otimizar a experiência do aplicativo.

Implementar essas estratégias ajudará a criar uma experiência mais envolvente e satisfatória para os usuários, promovendo maior lealdade e um uso mais frequente do aplicativo.

Marketing de Influência

Introdução ao marketing de influência

O marketing de influência é uma estratégia que utiliza influenciadores para promover produtos, serviços ou marcas. Esses influenciadores possuem um grande número de seguidores em plataformas de mídias sociais e têm a capacidade de impactar opiniões e comportamentos. Aqui está uma introdução ao marketing de influência, abordando seus conceitos, benefícios, e como começar.

O que é Marketing de Influência?

Definição: O marketing de influência é uma estratégia de marketing que envolve colaborar com indivíduos que têm um grande número de seguidores e autoridade em um nicho específico para promover produtos, serviços ou marcas. Esses influenciadores utilizam suas plataformas para alcançar e engajar seu público, gerando visibilidade e influência sobre decisões de compra.

Benefícios do Marketing de Influência

1. **Alcance Ampliado**: Influenciadores podem alcançar grandes audiências e nichos específicos, permitindo que as marcas se conectem com grupos de consumidores que podem ser difíceis de atingir através de canais tradicionais.
2. **Credibilidade e Confiança**: Influenciadores são frequentemente vistos como especialistas ou figuras confiáveis em seus campos. Suas recomendações podem ser mais persuasivas e autênticas para seus seguidores em comparação com a publicidade tradicional.
3. **Segmentação Precisiva**: Permite atingir públicos-alvo específicos com base nos interesses e demografia dos seguidores do influenciador, proporcionando uma abordagem mais direcionada e eficaz.
4. **Engajamento Aumentado**: Conteúdo criado por influenciadores tende a gerar mais engajamento (curtidas, comentários, compartilhamentos) do que conteúdo de marca convencional, devido à relação próxima entre influenciador e público.

Tipos de Influenciadores

1. **Macro-influenciadores**: Têm um grande número de seguidores (geralmente acima de 100 mil) e uma vasta audiência. São ideais para campanhas que buscam alto alcance e visibilidade.
2. **Micro-influenciadores**: Têm um número menor de seguidores (entre 1 mil e 100 mil), mas com uma audiência altamente engajada e nichada. São valiosos para campanhas que buscam uma conexão mais pessoal e autêntica com um público específico.
3. **Nano-influenciadores**: Possuem menos de 1 mil seguidores, mas têm uma forte influência sobre um grupo pequeno e altamente engajado. São ótimos para campanhas muito específicas e de nicho.

Como Iniciar uma Campanha de Marketing de Influência

1. **Defina Seus Objetivos**: Determine o que você deseja alcançar com a campanha, como aumentar a brand awareness, gerar leads, impulsionar vendas ou promover um novo produto.
2. **Identifique o Público-Alvo**: Compreenda quem é seu público-alvo e quais influenciadores têm uma audiência que se alinha com seus interesses e necessidades.
3. **Escolha os Influenciadores Certos**: Pesquise influenciadores que se encaixem no perfil desejado e que tenham uma boa reputação e engajamento com seu público. Utilize plataformas de marketing de influência para encontrar e avaliar potenciais parceiros.

4. **Desenvolva um Briefing Claro**: Crie um briefing detalhado que defina o que você espera da colaboração, incluindo objetivos da campanha, mensagens principais, diretrizes de conteúdo e cronograma.
5. **Negocie e Colabore**: Entre em contato com os influenciadores e negocie os termos da colaboração. Estabeleça um acordo sobre compensação, entregáveis e prazos.
6. **Monitore e Avalie o Desempenho**: Acompanhe o desempenho da campanha usando métricas como engajamento, alcance, cliques e conversões. Avalie o retorno sobre o investimento (ROI) e ajuste sua estratégia conforme necessário.

Exemplos de Estratégias de Marketing de Influência

- **Conteúdo Patrocinado**: Influenciadores criam e compartilham conteúdo que inclui a promoção de produtos ou serviços.
- **Parcerias de Produto**: Influenciadores recebem produtos para testar e revisar, compartilhando suas opiniões com seus seguidores.
- **Concursos e Sorteios**: Influenciadores realizam concursos ou sorteios para promover produtos e incentivar o engajamento dos seguidores.
- **Eventos e Lançamentos**: Influenciadores participam de eventos ou lançamentos de produtos, compartilhando suas experiências e interações com seu público.

Plataformas e Ferramentas de Marketing de Influência

- **AspireIQ**: Plataforma que conecta marcas com influenciadores e facilita a gestão de campanhas.
- **Influencity**: Ferramenta de análise e gerenciamento de influenciadores, com recursos para identificar, avaliar e monitorar campanhas.
- **Traackr**: Plataforma que oferece insights sobre influenciadores e desempenho de campanhas.

O marketing de influência é uma estratégia poderosa que, quando bem executada, pode gerar resultados significativos e impactar positivamente a percepção da marca e as decisões de compra dos consumidores.

Identificação e seleção de influenciadores

A identificação e seleção de influenciadores é um passo crucial para o sucesso de uma campanha de marketing de influência. A escolha dos influenciadores certos pode maximizar o impacto da campanha e garantir que suas mensagens sejam transmitidas ao público certo. Aqui estão os principais passos e critérios para identificar e selecionar influenciadores eficazes:

1. Defina Seus Objetivos e Público-Alvo

- **Objetivos da Campanha**: Antes de começar a busca, tenha clareza sobre o que você quer alcançar com a campanha (aumentar a visibilidade da marca, gerar vendas, promover um produto específico, etc.).

- **Público-Alvo**: Identifique o perfil do público que você deseja alcançar, incluindo características demográficas, interesses e comportamentos.

2. Pesquise Influenciadores Relevantes

- **Segmentação por Nicho**: Procure influenciadores que atuem em nichos relevantes para sua marca ou produto. Influenciadores que já têm uma audiência interessada no seu setor são mais propensos a gerar engajamento autêntico.
- **Ferramentas de Pesquisa**: Utilize ferramentas e plataformas de marketing de influência para identificar influenciadores que correspondam ao perfil desejado, como AspireIQ, Traackr e Influencity.
- **Redes Sociais e Plataformas**: Pesquise diretamente em plataformas de redes sociais como Instagram, YouTube, Twitter e LinkedIn para encontrar influenciadores que se alinhem com sua marca.

3. Avalie a Relevância e Credibilidade

- **Relevância do Conteúdo**: Verifique se o conteúdo produzido pelo influenciador é relevante para sua marca e se ressoa com o seu público-alvo.
- **Autenticidade e Credibilidade**: Analise a autenticidade do influenciador e a confiança que eles geram com seus seguidores. Isso inclui a qualidade das suas interações e o histórico de colaborações.

4. Analise o Engajamento

- **Taxa de Engajamento**: Avalie a taxa de engajamento do influenciador (curtidas, comentários, compartilhamentos) em relação ao número de seguidores. Uma alta taxa de engajamento indica um público ativo e interessado.
- **Qualidade das Interações**: Examine a qualidade das interações nos posts do influenciador para garantir que não sejam apenas comentários genéricos ou spam.

5. Considere o Alcance e a Demografia

- **Número de Seguidores**: O alcance é importante, mas deve ser considerado juntamente com a qualidade do engajamento. Influenciadores com um grande número de seguidores podem não ter a mesma taxa de engajamento que influenciadores menores e mais nichados.
- **Demografia dos Seguidores**: Verifique se a demografia dos seguidores do influenciador corresponde ao seu público-alvo. Isso inclui idade, localização, gênero e interesses.

6. Revise a Ética e o Histórico

- **Histórico de Colaborações**: Analise o histórico de parcerias e colaborações do influenciador para verificar se há alguma controvérsia ou problemas anteriores que possam impactar a reputação da sua marca.

- **Alinhamento de Valores**: Certifique-se de que os valores e a imagem do influenciador estejam alinhados com os valores e a identidade da sua marca.

7. Estabeleça um Relacionamento

- **Contato Inicial**: Entre em contato com os influenciadores de forma profissional e personalizada. Apresente sua marca, explique o que você espera da parceria e como a colaboração pode ser benéfica para ambos.
- **Negociação de Termos**: Discuta os termos da colaboração, incluindo compensação, entregáveis, prazos e expectativas. Certifique-se de que todos os detalhes estejam claros e acordados antes de iniciar a campanha.

8. Monitore e Avalie o Desempenho

- **Acompanhamento da Campanha**: Monitore o desempenho das campanhas de marketing de influência para garantir que os objetivos estejam sendo alcançados. Acompanhe métricas como engajamento, alcance, cliques e conversões.
- **Feedback e Ajustes**: Colete feedback dos influenciadores e faça ajustes na estratégia conforme necessário para melhorar os resultados da campanha.

Exemplos de Ferramentas para Identificação de Influenciadores

- **BuzzSumo**: Ajuda a encontrar influenciadores e analisar o impacto do conteúdo nas redes sociais.
- **HypeAuditor**: Oferece insights detalhados sobre influenciadores, incluindo análise de seguidores e engajamento.
- **Klear**: Fornece dados sobre influenciadores e permite filtragem por nicho, localização e outros critérios.

Selecionar os influenciadores certos é fundamental para garantir que sua campanha de marketing de influência seja bem-sucedida e gere o impacto desejado. Uma abordagem cuidadosa e estratégica na escolha dos parceiros de influência pode levar a uma colaboração mais eficaz e resultados mais positivos para sua marca.

Criação de campanhas de marketing de influência

Criar campanhas de marketing de influência eficazes envolve várias etapas, desde o planejamento inicial até a execução e análise dos resultados. A seguir estão os passos detalhados para desenvolver uma campanha de marketing de influência bem-sucedida:

1. Definição de Objetivos

- **Estabeleça Metas Claras**: Determine o que você deseja alcançar com a campanha, como aumentar a brand awareness, impulsionar vendas, promover um novo produto ou gerar leads.
- **KPIs (Indicadores de Desempenho)**: Defina quais métricas você usará para medir o sucesso da campanha, como engajamento, alcance, conversões ou ROI.

2. Identificação do Público-Alvo

- **Análise Demográfica**: Entenda quem são seus clientes ideais em termos de idade, gênero, localização e interesses.
- **Segmentação**: Identifique quais segmentos específicos do público você deseja atingir e procure influenciadores cujas audiências correspondam a esses segmentos.

3. Seleção dos Influenciadores

- **Pesquise e Avalie**: Use ferramentas de pesquisa para encontrar influenciadores que se alinhem com seu público-alvo e objetivos. Avalie sua relevância, engajamento, e autenticidade.
- **Contato Inicial**: Entre em contato com influenciadores que você considera adequados e apresente sua proposta de colaboração.

4. Desenvolvimento do Briefing

- **Objetivos da Campanha**: Explique claramente o que você deseja alcançar com a campanha e como o influenciador pode ajudar a atingir esses objetivos.
- **Diretrizes de Conteúdo**: Forneça detalhes sobre a mensagem, tom e estilo desejados. Inclua informações sobre o produto ou serviço, e quaisquer aspectos específicos a serem destacados.
- **Cronograma e Entregáveis**: Defina os prazos e o que é esperado do influenciador, como o número de postagens, formatos de conteúdo e datas de publicação.

5. Negociação e Acordo

- **Termos e Condições**: Negocie os termos da colaboração, incluindo compensação (monetária ou produtos), direitos de uso do conteúdo e quaisquer outras condições relevantes.
- **Contrato Formal**: Formalize o acordo com um contrato que inclua todos os detalhes discutidos, para garantir clareza e evitar mal-entendidos.

6. Criação e Aprovação do Conteúdo

- **Colaboração Criativa**: Trabalhe com o influenciador para criar conteúdo que se alinhe com sua visão e que também ressoe com sua audiência. Encoraje a criatividade do influenciador enquanto garante que a mensagem principal seja transmitida.

- **Aprovação**: Revise e aprove o conteúdo antes da publicação para garantir que está de acordo com as diretrizes da campanha e com os padrões da marca.

7. Lançamento e Execução

- **Publicação do Conteúdo**: Certifique-se de que o conteúdo seja publicado de acordo com o cronograma estabelecido.
- **Promoção Cruzada**: Utilize seus próprios canais de marketing para promover o conteúdo do influenciador e aumentar o alcance da campanha.

8. Monitoramento e Análise

- **Acompanhamento em Tempo Real**: Monitore o desempenho da campanha em tempo real para avaliar o engajamento e a resposta do público.
- **Métricas de Desempenho**: Analise as métricas-chave definidas anteriormente, como alcance, engajamento, cliques, e conversões.
- **Feedback e Ajustes**: Recolha feedback dos influenciadores e do público para ajustar estratégias e melhorar campanhas futuras.

9. Relatório e Avaliação

- **Relatório de Resultados**: Compile os dados e crie um relatório detalhado que mostre o desempenho da campanha em relação aos objetivos e KPIs estabelecidos.

- **Análise de ROI**: Avalie o retorno sobre o investimento da campanha para entender sua eficácia e justificar o investimento.

Exemplos de Tipos de Conteúdo para Campanhas de Influência

- **Posts Patrocinados**: Influenciadores criam e compartilham posts em suas redes sociais promovendo seu produto ou serviço.
- **Vídeos de Unboxing ou Reviews**: Influenciadores mostram e avaliam o produto, oferecendo uma visão autêntica e detalhada.
- **Concursos e Sorteios**: Influenciadores organizam concursos ou sorteios para engajar sua audiência e promover sua marca.
- **Histórias e Postagens em Tempo Real**: Utilização de stories em plataformas como Instagram e Facebook para atualizações e promoções instantâneas.

Ferramentas e Recursos

- **AspireIQ**: Plataforma que facilita a conexão e colaboração com influenciadores.
- **Traackr**: Oferece insights e análises para gerenciar e otimizar campanhas de influência.
- **Hootsuite**: Para agendar e monitorar postagens de influenciadores em várias redes sociais.

Seguindo esses passos e ajustando sua estratégia com base nas análises e feedbacks, você pode criar campanhas de marketing de influência que não só alcançam seus objetivos, mas também fortalecem o relacionamento com seu público e elevam a percepção da sua marca.

Medição de resultados e ROI

A medição de resultados e ROI (Retorno sobre Investimento) em campanhas de marketing de influência envolve uma série de métricas e métodos para avaliar a eficácia e o retorno financeiro dessas campanhas. Aqui estão alguns passos e considerações importantes:

1. Definição de Objetivos

Antes de iniciar a medição, é crucial definir objetivos claros para a campanha de marketing de influência. Esses objetivos podem incluir:

- Aumento de vendas
- Geração de leads
- Aumento de seguidores nas redes sociais
- Engajamento (curtidas, compartilhamentos, comentários)
- Aumento de tráfego no site
- Melhorias na percepção da marca

2. Principais Métricas para Medir

As principais métricas para medir a eficácia de uma campanha de marketing de influência incluem:

Engajamento

- Curtidas
- Comentários
- Compartilhamentos
- Visualizações

Alcance

- Número de impressões
- Alcance total (quantidade de pessoas que viram o conteúdo)

Conversões

- Número de vendas geradas
- Leads obtidos
- Downloads de aplicativos

Tráfego

- Visitas ao site provenientes da campanha
- Tempo de permanência no site
- Taxa de rejeição

Retorno Financeiro

- Receita gerada diretamente pelas vendas atribuídas à campanha
- Valor médio de pedido

3. Ferramentas de Análise

Algumas ferramentas úteis para medir os resultados incluem:

- **Google Analytics**: Para monitorar o tráfego no site e as conversões.
- **Ferramentas de Redes Sociais**: Cada plataforma de mídia social possui suas próprias ferramentas analíticas (por exemplo, Instagram Insights, YouTube Analytics).
- **Softwares de Marketing de Influência**: Plataformas como HypeAuditor, Traackr, e Klear oferecem análises detalhadas de campanhas de influência.

4. Cálculo do ROI

O cálculo do ROI pode ser feito usando a fórmula básica:

$$ROI = \frac{\text{Receita Gerada} - \text{Custo da Campanha}}{\text{Custo da Campanha}} \times 100$$

5. Atribuição e Rastreamento

- **Links UTM**: Use parâmetros UTM em links compartilhados por influenciadores para rastrear o tráfego e as conversões.
- **Códigos de Desconto**: Atribua códigos de desconto específicos para cada influenciador para rastrear as vendas.
- **Cookies e Pixels de Rastreamento**: Utilize cookies e pixels (como o Facebook Pixel) para rastrear o comportamento dos usuários.

6. Relatórios e Análise

Após a coleta de dados, compile relatórios detalhados que analisem o desempenho da campanha em relação aos objetivos definidos. Isso inclui uma análise detalhada das métricas de engajamento, alcance, conversão e retorno financeiro.

Exemplos Práticos

- **Caso de Estudo 1**: Uma marca de moda pode utilizar um influenciador para promover uma nova linha de roupas. A marca pode medir o ROI monitorando o uso de um código de desconto exclusivo fornecido pelo influenciador e as vendas resultantes.
- **Caso de Estudo 2**: Uma empresa de software pode usar um influenciador de tecnologia para promover um novo aplicativo. O sucesso pode ser medido através de downloads de aplicativos rastreados por um link UTM exclusivo.

A medição de resultados e o cálculo do ROI em campanhas de marketing de influência são essenciais para entender a eficácia dessas estratégias e otimizar futuras campanhas. Utilizar as ferramentas e métricas certas pode fornecer insights valiosos e garantir um retorno positivo sobre o investimento.

Marketing de Afiliados

Conceitos e funcionamento do marketing de afiliados

O marketing de afiliados é uma estratégia de marketing digital onde empresas (anunciantes) pagam comissões a afiliados (parceiros) por promover seus produtos ou serviços e gerar vendas ou leads. É um modelo baseado em desempenho, onde os afiliados são recompensados apenas quando uma ação específica é realizada, como uma venda ou um cadastro.

Conceitos Básicos

1. **Anunciantes (Merchants)**
    - Empresas ou indivíduos que possuem produtos ou serviços para vender. Eles criam programas de afiliados para aumentar suas vendas.
2. **Afiliados (Publishers)**
    - Parceiros que promovem os produtos ou serviços dos anunciantes em troca de comissões.

Eles podem ser blogueiros, influenciadores, donos de sites, ou mesmo empresas de marketing digital.

3. **Redes de Afiliados**
   o Plataformas que conectam anunciantes a afiliados. Elas facilitam o processo de inscrição, rastreamento de vendas, pagamentos e relatórios. Exemplos incluem Rakuten Marketing, Commission Junction (CJ), e Awin.
4. **Consumidores**
   o Pessoas que compram os produtos ou serviços através dos links de afiliados.

Funcionamento do Marketing de Afiliados

1. **Inscrição no Programa de Afiliados**
   o O afiliado se inscreve no programa de afiliados de uma empresa ou através de uma rede de afiliados.
2. **Seleção de Produtos ou Serviços**
   o O afiliado escolhe os produtos ou serviços que deseja promover. Muitas vezes, ele recebe materiais promocionais, como links, banners e textos.
3. **Promoção dos Produtos ou Serviços**
   o O afiliado promove os produtos através de blogs, sites, redes sociais, email marketing, ou qualquer outra estratégia de marketing digital. Os links de afiliados contêm códigos únicos que permitem rastrear as ações dos consumidores.

4. **Ação do Consumidor**
   - Quando um consumidor clica no link de afiliado e realiza a ação desejada (compra, cadastro, etc.), essa ação é registrada.
5. **Rastreamento e Relatórios**
   - Através de cookies e tecnologias de rastreamento, a venda ou ação é associada ao afiliado que gerou o clique inicial. As redes de afiliados ou o próprio programa do anunciante geram relatórios detalhados.
6. **Pagamento de Comissões**
   - O anunciante paga uma comissão ao afiliado com base na ação realizada. Os pagamentos podem ser realizados de várias formas, como por venda (CPS - Cost Per Sale), por clique (CPC - Cost Per Click), ou por lead (CPL - Cost Per Lead).

Tipos de Comissões

1. **CPS (Custo por Venda)**
   - O afiliado recebe uma comissão por cada venda realizada através do seu link.
2. **CPC (Custo por Clique)**
   - O afiliado recebe uma comissão por cada clique no seu link, independentemente de uma venda ser realizada.
3. **CPL (Custo por Lead)**
   - O afiliado recebe uma comissão por cada lead gerado, como um formulário de cadastro preenchido.

4. **CPA (Custo por Ação)**
   - O afiliado é pago quando uma ação específica é concluída, que pode ser uma venda, um download, ou outra ação definida pelo anunciante.

Vantagens do Marketing de Afiliados

1. **Baixo Custo Inicial**
   - Afiliados podem começar a promover produtos com um investimento inicial mínimo.
2. **Modelo Baseado em Desempenho**
   - Os anunciantes pagam apenas quando uma ação desejada é realizada, o que minimiza riscos.
3. **Acesso a Novos Públicos**
   - Os anunciantes podem alcançar novos públicos através dos afiliados.
4. **Flexibilidade**
   - Os afiliados podem escolher quais produtos promover e como promovê-los.

Desafios do Marketing de Afiliados

1. **Fraude**
   - Existem riscos de fraude, como cliques falsos ou leads fraudulentos.
2. **Relações de Confiança**
   - É crucial para anunciantes e afiliados manterem relações transparentes e confiáveis.
3. **Controle de Qualidade**

- Os anunciantes precisam garantir que seus produtos sejam promovidos de forma ética e alinhada com a marca.

Ferramentas Úteis

- Google Analytics
- Affiliate Networks (CJ, Rakuten, Awin)
- Plugins de Afiliados (para WordPress, por exemplo)
- Software de Rastreamento de Afiliados (Post Affiliate Pro, TUNE)

O marketing de afiliados é uma estratégia poderosa que pode beneficiar tanto anunciantes quanto afiliados. Ao entender seus conceitos e funcionamento, é possível maximizar os resultados e construir parcerias de sucesso.

Programas de afiliados e plataformas

Programas de afiliados e plataformas de afiliados são componentes essenciais do marketing de afiliados. Eles conectam anunciantes (empresas que desejam promover seus produtos) com afiliados (pessoas ou entidades que promovem esses produtos em troca de comissões). Abaixo estão exemplos de alguns programas de afiliados populares e plataformas que facilitam esse processo.

Programas de Afiliados Populares

1. **Amazon Associates**
   - Um dos programas de afiliados mais conhecidos. Permite que afiliados promovam uma vasta gama de produtos da Amazon e ganhem comissões por vendas.
2. **eBay Partner Network**
   - Afiliados podem promover produtos no eBay e ganhar comissões por vendas.
3. **Shopify Affiliate Program**
   - Oferece comissões aos afiliados que referem novos clientes para criar lojas na plataforma Shopify.
4. **ClickBank**
   - Um marketplace de afiliados focado em produtos digitais, como e-books, cursos online, e software.
5. **ShareASale**
   - Oferece uma variedade de produtos físicos e digitais para promover, com uma interface amigável e suporte robusto para afiliados.
6. **CJ Affiliate (anteriormente Commission Junction)**
   - Uma das maiores e mais respeitadas redes de afiliados, conectando afiliados com marcas globais.
7. **Rakuten Marketing**
   - Outra grande rede de afiliados, conhecida por sua variedade de produtos e serviços e suporte sólido para afiliados.

8. **Awin**
    - Oferece uma ampla gama de programas de afiliados em diversas indústrias, com forte presença na Europa.
9. **Bluehost Affiliate Program**
    - Oferece comissões altas para afiliados que promovem seus serviços de hospedagem na web.
10. **Fiverr Affiliates**
    - Permite que afiliados ganhem comissões promovendo serviços freelancers oferecidos na plataforma Fiverr.

Plataformas de Afiliados

As plataformas de afiliados facilitam o processo de conexão entre anunciantes e afiliados, oferecendo ferramentas para gerenciamento, rastreamento e pagamento de comissões.

1. **Rakuten Advertising**
    - Oferece soluções de marketing de afiliados, incluindo relatórios detalhados, ferramentas de rastreamento e suporte para anunciantes e afiliados.
2. **CJ Affiliate**
    - Uma plataforma robusta que facilita a criação de parcerias entre afiliados e anunciantes, com uma ampla gama de ferramentas para otimização e relatórios.
3. **ShareASale**

- Conhecida por sua facilidade de uso, oferece uma plataforma que conecta afiliados com milhares de programas de afiliados diferentes.

4. **Awin**
    - Uma plataforma global que oferece suporte extensivo para afiliados e anunciantes, incluindo ferramentas de rastreamento, relatórios e pagamento.
5. **ClickBank**
    - Especializada em produtos digitais, ClickBank oferece uma plataforma fácil de usar para afiliados encontrarem produtos para promover.
6. **Impact**
    - Oferece uma plataforma avançada de marketing de afiliados com recursos de automação, análise e gerenciamento de parcerias.
7. **Refersion**
    - Uma plataforma que permite que empresas criem e gerenciem seus próprios programas de afiliados, com ferramentas de rastreamento e pagamento.
8. **Partnerize**
    - Fornece uma solução abrangente para gerenciar parcerias de marketing, incluindo afiliados, influenciadores e outros tipos de parceiros.
9. **LeadDyno**
    - Oferece uma solução completa para criação e gestão de programas de afiliados, com ferramentas de rastreamento, relatórios e pagamentos.

10. **Post Affiliate Pro**
    - Uma plataforma de software que permite que empresas gerenciem seus programas de afiliados, com recursos avançados de rastreamento e relatórios.

Considerações ao Escolher um Programa ou Plataforma de Afiliados

1. **Reputação e Confiabilidade**
    - Escolha programas e plataformas com boa reputação e histórico de pagamentos pontuais.
2. **Comissões e Estrutura de Pagamento**
    - Verifique a estrutura de comissões e as condições de pagamento (frequência, mínimo para saque, etc.).
3. **Ferramentas e Recursos**
    - Avalie as ferramentas de rastreamento, relatórios e suporte oferecidas.
4. **Compatibilidade com seu Nicho**
    - Escolha programas e plataformas que ofereçam produtos e serviços relevantes para o seu público-alvo.
5. **Suporte ao Cliente**
    - Um bom suporte ao cliente é crucial para resolver problemas e maximizar o sucesso de suas campanhas de afiliados.

Ao entender e utilizar programas e plataformas de afiliados, você pode otimizar suas estratégias de marketing de afiliados e aumentar seu potencial de ganhos.

Estratégias para atrair e reter afiliados

Atrair e reter afiliados é crucial para o sucesso de qualquer programa de marketing de afiliados. Aqui estão algumas estratégias eficazes para alcançar esses objetivos:

Estratégias para Atrair Afiliados

1. **Ofereça Comissões Atraentes**
    - Garanta que suas comissões sejam competitivas e atrativas. Considere oferecer taxas mais altas do que seus concorrentes para atrair afiliados de qualidade.
2. **Programa de Incentivos**
    - Crie programas de incentivos adicionais, como bônus por metas de vendas atingidas, para motivar afiliados a se inscreverem e se dedicarem mais.
3. **Materiais de Marketing de Alta Qualidade**
    - Forneça materiais promocionais de alta qualidade, como banners, links de texto, vídeos e infográficos. Isso facilita o trabalho dos afiliados e os motiva a promover seus produtos.

4. **Página de Inscrição Otimizada**
    - Desenvolva uma página de inscrição clara e direta, destacando os benefícios de se tornar um afiliado e as vantagens de promover seus produtos.
5. **Suporte e Treinamento**
    - Ofereça suporte contínuo e sessões de treinamento para ajudar novos afiliados a entenderem como promover seus produtos de forma eficaz.
6. **Testemunhos e Estudos de Caso**
    - Mostre depoimentos de afiliados satisfeitos e estudos de caso de sucesso para construir credibilidade e atrair novos afiliados.
7. **Facilidade de Pagamento**
    - Assegure métodos de pagamento simples e rápidos, com opções variadas para acomodar afiliados de diferentes regiões.
8. **Redes de Afiliados**
    - Inscreva seu programa em redes de afiliados respeitadas para aumentar a visibilidade e atrair afiliados de qualidade.

Estratégias para Reter Afiliados

1. **Comunicação Regular**
    - Mantenha uma comunicação regular com seus afiliados através de newsletters, e-mails e webinars. Informe-os sobre novos produtos, promoções e atualizações do programa.

2. **Acompanhamento de Desempenho**
    o Ofereça relatórios detalhados de desempenho para que os afiliados possam monitorar suas campanhas e entender como melhorar seus resultados.
3. **Feedback e Suporte**
    o Esteja disponível para oferecer suporte e feedback constante. Responda rapidamente às dúvidas e preocupações dos afiliados.
4. **Programas de Fidelidade**
    o Crie programas de fidelidade para recompensar afiliados que permanecem ativos e alcançam resultados consistentes ao longo do tempo.
5. **Eventos e Webinars Exclusivos**
    o Organize eventos e webinars exclusivos para afiliados, onde eles podem aprender novas estratégias, interagir com sua equipe e se conectar com outros afiliados.
6. **Aprimoramento Contínuo dos Materiais de Marketing**
    o Atualize regularmente os materiais de marketing para mantê-los relevantes e eficazes. Peça feedback aos afiliados sobre o que funciona e o que pode ser melhorado.
7. **Comissões Recorrentes**
    o Ofereça comissões recorrentes para produtos ou serviços de assinatura, incentivando afiliados a promover produtos que gerem receita contínua.
8. **Reconhecimento e Premiações**
    o Reconheça e premie os melhores afiliados em categorias como vendas, crescimento e

inovação. Isso pode ser feito através de concursos, prêmios mensais ou anuais.

Exemplos Práticos

1. **Exemplo de Página de Inscrição**
   - Crie uma página de inscrição que destaque os benefícios claros do programa, como comissões competitivas, suporte dedicado e materiais de marketing de alta qualidade.
2. **Case Study: Amazon Associates**
   - O programa de afiliados da Amazon oferece uma vasta gama de produtos, comissões baseadas em volume de vendas e uma plataforma fácil de usar, o que ajuda a atrair e reter afiliados.
3. **Incentivos de Desempenho**
   - Ofereça bônus trimestrais para os afiliados que atingirem determinadas metas de vendas, incentivando um desempenho contínuo.

A atração e retenção de afiliados exige uma abordagem estratégica e contínua. Ao oferecer comissões atraentes, suporte dedicado, materiais de marketing de alta qualidade e reconhecimentos constantes, você pode construir um programa de afiliados robusto e eficaz que beneficia tanto a sua empresa quanto os afiliados.

Análise de desempenho e otimização

A análise de desempenho e otimização são cruciais para garantir o sucesso contínuo de um programa de marketing de afiliados. Isso envolve a monitorização constante das métricas de desempenho, a identificação de áreas de melhoria e a implementação de estratégias para maximizar os resultados. Aqui está um guia detalhado sobre como realizar essa análise e otimização:

Análise de Desempenho

1. **Definir KPIs (Key Performance Indicators)**
   - Estabeleça KPIs claros e mensuráveis para avaliar o desempenho do seu programa de afiliados. Alguns KPIs comuns incluem:
     - Número de cliques
     - Taxa de conversão
     - Receita gerada
     - Valor médio do pedido
     - ROI (Retorno sobre Investimento)
     - Número de novos afiliados recrutados
     - Retenção de afiliados
2. **Utilizar Ferramentas de Análise**
   - Utilize ferramentas de análise para coletar e analisar dados de desempenho. Algumas ferramentas úteis incluem:

- **Google Analytics**: Para monitorar o tráfego no site e as conversões geradas pelos links de afiliados.
- **Software de rastreamento de afiliados**: Ferramentas como Post Affiliate Pro, Refersion, e TUNE fornecem insights detalhados sobre o desempenho dos afiliados.
- **Plataformas de redes de afiliados**: Plataformas como CJ Affiliate, ShareASale, e Awin oferecem relatórios de desempenho integrados.

3. **Analisar Dados de Tráfego**
   - Monitore o volume de tráfego gerado pelos afiliados e identifique as fontes mais eficazes.
   - Avalie a qualidade do tráfego (tempo no site, páginas visitadas, taxa de rejeição).
4. **Avaliar Taxa de Conversão**
   - Calcule a taxa de conversão (número de vendas/leads divididos pelo número de cliques).
   - Identifique afiliados com altas taxas de conversão e analise suas estratégias.
5. **Monitorar Receita e ROI**
   - Acompanhe a receita gerada por cada afiliado e calcule o ROI para determinar a rentabilidade do programa.
   - Identifique os afiliados que geram o maior retorno financeiro.
6. **Analisar Comportamento do Cliente**

- Use ferramentas de análise para entender o comportamento dos clientes que vêm através dos links de afiliados (quais produtos estão comprando, valor médio do pedido, etc.).

Otimização do Programa de Afiliados

1. **Melhoria de Materiais de Marketing**
   - Atualize e otimize os materiais de marketing fornecidos aos afiliados. Crie novas peças promocionais com base nas tendências de desempenho e feedback dos afiliados.
2. **Segmentação de Afiliados**
   - Segmente seus afiliados com base em seu desempenho e estratégias de marketing. Ofereça incentivos personalizados e suporte direcionado para diferentes segmentos.
3. **A/B Testing**
   - Realize testes A/B em diferentes elementos das campanhas de afiliados (banners, call-to-action, páginas de destino) para identificar o que funciona melhor.
4. **Otimização de Landing Pages**
   - Melhore as páginas de destino para aumentar as taxas de conversão. Certifique-se de que as páginas sejam atraentes, rápidas e otimizadas para dispositivos móveis.
5. **Feedback e Comunicação**
   - Mantenha uma comunicação aberta com seus afiliados para entender suas necessidades e

desafios. Use o feedback para fazer melhorias contínuas no programa.
6. **Programas de Incentivo**
    o Implementar programas de incentivo baseados em desempenho para motivar afiliados a alcançar melhores resultados.
7. **Treinamento Contínuo**
    o Ofereça treinamento contínuo e recursos educacionais para ajudar os afiliados a aprimorar suas estratégias de marketing.
8. **Monitoramento de Concorrentes**
    o Analise os programas de afiliados dos concorrentes para identificar práticas eficazes que você possa adotar ou melhorar.

Exemplos Práticos

1. **Estudo de Caso: Aumento da Taxa de Conversão**
    o Um programa de afiliados de uma loja de e-commerce identificou que suas páginas de destino tinham altas taxas de rejeição. Ao otimizar o design das páginas, melhorar a velocidade de carregamento e incluir depoimentos de clientes, eles conseguiram aumentar a taxa de conversão em 30%.
2. **Incentivos Personalizados**
    o Um programa de afiliados de software ofereceu bônus especiais para afiliados que trouxeram novos clientes corporativos de grande porte. Isso

levou a um aumento significativo nas vendas de grandes contas.

3. **Treinamento e Suporte**
    o Uma empresa de hospedagem na web implementou webinars mensais para seus afiliados, abordando tópicos como SEO, marketing de conteúdo e otimização de campanhas. Isso resultou em um aumento no desempenho dos afiliados e na retenção.

A análise de desempenho e a otimização contínua são fundamentais para maximizar o sucesso de um programa de afiliados. Utilizando dados de forma eficaz, implementando melhorias constantes e mantendo uma comunicação aberta com os afiliados, é possível criar um programa de afiliados robusto e altamente lucrativo.

Tendências e Futuro do Marketing Digital

Tecnologias emergentes (IA, VR, AR, etc.)

O marketing digital está em constante evolução, impulsionado por avanços tecnológicos e mudanças no comportamento do consumidor. Aqui estão algumas tendências emergentes e tecnologias que estão moldando o futuro do marketing digital:

1. Inteligência Artificial (IA)

Automação de Marketing

- **Automação de Tarefas**: IA está sendo utilizada para automatizar tarefas repetitivas, como envio de emails, segmentação de públicos e gestão de campanhas de PPC (Pay-Per-Click).
- **Chatbots e Assistentes Virtuais**: Chatbots baseados em IA fornecem atendimento ao cliente em tempo real, resolvendo dúvidas e problemas rapidamente, melhorando a experiência do usuário.

Análise de Dados e Personalização

- **Análise Preditiva**: Algoritmos de IA analisam grandes volumes de dados para prever comportamentos futuros dos consumidores, ajudando as empresas a personalizar ofertas e campanhas.
- **Recomendações Personalizadas**: Plataformas como Amazon e Netflix utilizam IA para recomendar produtos e conteúdos com base nas preferências e comportamentos passados dos usuários.

2. Realidade Virtual (VR) e Realidade Aumentada (AR)

Experiências Imersivas

- **Experiências de Produto**: VR permite que os consumidores experimentem produtos de forma

imersiva antes de comprar, como visitar uma casa virtualmente ou testar um carro.
- **Interação com Produtos**: AR permite que os usuários visualizem como um produto ficaria em seu ambiente real, como móveis em sua sala ou maquiagem em seu rosto, através de seus smartphones.

Publicidade e Marketing

- **Anúncios Interativos**: AR e VR estão sendo usados para criar anúncios interativos e envolventes que capturam a atenção do público de maneira inovadora.
- **Eventos Virtuais**: Marcas estão utilizando VR para realizar eventos virtuais, como lançamentos de produtos e feiras comerciais, alcançando um público global sem limitações físicas.

3. Blockchain

Transparência e Segurança

- **Rastreamento de Publicidade**: Blockchain pode ser utilizado para rastrear transações publicitárias, garantindo transparência e evitando fraudes.
- **Proteção de Dados**: Com a crescente preocupação com a privacidade dos dados, blockchain oferece uma forma segura e transparente de gerenciar e proteger informações do consumidor.

Programas de Fidelidade

- **Criação de Moedas Virtuais**: Marcas estão explorando o uso de blockchain para criar moedas virtuais e programas de fidelidade mais seguros e transparentes.

4. Marketing de Voz

Assistentes de Voz

- **Otimização para Pesquisa por Voz**: Com o aumento do uso de assistentes de voz como Alexa, Siri e Google Assistant, as empresas estão otimizando seus conteúdos para pesquisas por voz.
- **Comandos de Voz**: Marcas estão desenvolvendo comandos de voz personalizados para interagir com seus clientes de maneira mais direta e conveniente.

5. Big Data e Análise Avançada

Personalização e Segmentação

- **Segmentação Precisa**: O uso de big data permite segmentar públicos de maneira mais precisa, criando campanhas altamente personalizadas e relevantes.
- **Análise em Tempo Real**: Ferramentas de análise avançada fornecem insights em tempo real, permitindo ajustes rápidos nas estratégias de marketing para maximizar o impacto.

6. Vídeo Interativo e Conteúdo ao Vivo

Engajamento e Interatividade

- **Vídeos Shoppable**: Vídeos interativos que permitem aos espectadores comprar produtos diretamente enquanto assistem estão se tornando populares.
- **Transmissões Ao Vivo**: O streaming ao vivo em plataformas como Instagram, Facebook e YouTube permite às marcas interagirem diretamente com seu público em tempo real, aumentando o engajamento.

7. Marketing Omnicanal

Experiência Integrada do Cliente

- **Integração de Canais**: As marcas estão focadas em criar experiências de cliente integradas e coesas em todos os pontos de contato, incluindo lojas físicas, e-commerce, redes sociais e atendimento ao cliente.
- **Análise de Jornada do Cliente**: Ferramentas avançadas de análise ajudam as empresas a mapear e entender a jornada do cliente em vários canais, otimizando cada ponto de contato.

8. Conteúdo Gerado pelo Usuário (UGC)

Autenticidade e Engajamento

- **Promoção de UGC**: Incentivar os clientes a criar e compartilhar conteúdos relacionados à marca aumenta a autenticidade e o engajamento.
- **Campanhas de Influenciadores**: Colaborações com influenciadores que criam conteúdos genuínos sobre produtos ajudam a construir confiança e credibilidade.

Conclusão

O futuro do marketing digital será cada vez mais moldado por tecnologias emergentes que oferecem novas maneiras de engajar os consumidores, personalizar experiências e otimizar campanhas. A adoção dessas tecnologias, como IA, VR, AR, blockchain, marketing de voz, big data, vídeos interativos, marketing omnicanal e conteúdo gerado pelo usuário, permitirá que as marcas se mantenham à frente da concorrência e atendam às expectativas crescentes dos consumidores.

Novas plataformas e canais de marketing

O mundo do marketing digital está em constante evolução, e novas plataformas e canais de marketing surgem regularmente, oferecendo oportunidades únicas para alcançar e engajar os consumidores. Aqui estão algumas das novas plataformas e canais de marketing que estão ganhando destaque:

1. TikTok

Características e Vantagens

- **Vídeos Curtos**: TikTok é uma plataforma de vídeos curtos que permite criar conteúdo dinâmico e viral.
- **Alto Engajamento**: Com suas ferramentas de edição fáceis de usar e algoritmos poderosos, TikTok promove alto engajamento e viralidade.
- **Marketing de Influenciadores**: Muitos influenciadores populares estão no TikTok, tornando-se uma plataforma excelente para campanhas de influenciadores.

Estratégias

- **Desafios de Hashtag**: Crie desafios de hashtag para incentivar a criação de UGC (conteúdo gerado pelo usuário).
- **Anúncios In-Feed**: Utilize anúncios nativos que aparecem no feed dos usuários.
- **Parcerias com Influenciadores**: Colabore com influenciadores para aumentar o alcance e a credibilidade da marca.

2. Clubhouse

Características e Vantagens

- **Áudio Social**: Clubhouse é uma plataforma de áudio social onde os usuários participam de conversas ao vivo.

- **Exclusividade e FOMO**: Inicialmente disponível apenas por convite, a exclusividade de Clubhouse gerou uma sensação de FOMO (medo de perder algo).

Estratégias

- **Moderadores de Conversas**: Organize salas de conversa sobre tópicos relevantes à sua marca para se estabelecer como líder de pensamento.
- **Colaborações com Influenciadores**: Traga influenciadores e especialistas para moderar ou participar das salas de conversa.
- **Q&A e Painéis**: Utilize a plataforma para sessões de perguntas e respostas e painéis de discussão ao vivo.

3. Twitch

Características e Vantagens

- **Streaming Ao Vivo**: Twitch é a principal plataforma para transmissão ao vivo, especialmente popular entre gamers, mas agora abrangendo muitos outros interesses.
- **Comunidade Engajada**: A comunidade no Twitch é altamente engajada, com interações em tempo real.

Estratégias

- **Patrocínios de Streamers**: Patrocine streamers populares para promover seus produtos ou serviços.

- **Anúncios Durante Transmissões**: Coloque anúncios durante transmissões ao vivo para alcançar um público relevante.
- **Eventos ao Vivo**: Organize eventos ao vivo, como lançamentos de produtos ou webinars interativos.

4. Discord

Características e Vantagens

- **Comunicação em Tempo Real**: Discord é uma plataforma de comunicação em tempo real, inicialmente popular entre gamers, mas agora usada por diversas comunidades.
- **Comunidades Fechadas**: Permite criar servidores privados para construir comunidades engajadas.

Estratégias

- **Servidores de Marca**: Crie servidores dedicados para sua marca, onde os clientes podem interagir e se envolver diretamente.
- **Eventos e Webinars**: Organize eventos e webinars dentro da plataforma para educar e engajar seu público.
- **Suporte ao Cliente**: Use Discord como um canal de suporte ao cliente para resolver dúvidas e problemas rapidamente.

5. Pinterest

Características e Vantagens

- **Plataforma Visual**: Pinterest é uma plataforma visual de descoberta e inspiração.
- **Tráfego de Alta Qualidade**: Os usuários do Pinterest estão frequentemente em busca de inspiração para compras, resultando em tráfego de alta qualidade.

Estratégias

- **Pins Patrocinados**: Utilize pins patrocinados para promover seus produtos ou serviços.
- **Rich Pins**: Use rich pins que fornecem informações adicionais, como preços e disponibilidade de produtos.
- **Conteúdo Inspirador**: Crie conteúdo visual inspirador que ressoe com seu público-alvo.

6. Snapchat

Características e Vantagens

- **Conteúdo Efêmero**: Snapchat permite a criação de conteúdo efêmero que desaparece após um tempo, criando uma sensação de urgência.
- **Filtros e Lentes**: Ferramentas de realidade aumentada, como filtros e lentes, permitem interações criativas e divertidas.

Estratégias

- **Geofiltros Patrocinados**: Crie geofiltros patrocinados para eventos ou locais específicos.
- **Histórias de Marca**: Utilize histórias para compartilhar conteúdo diário com seu público.
- **Lentes Patrocinadas**: Desenvolva lentes patrocinadas que os usuários podem usar e compartilhar.

7. Podcasts

Características e Vantagens

- **Consumo de Conteúdo Longo**: Podcasts permitem consumir conteúdo em longas sessões, ideal para narrativas detalhadas e entrevistas.
- **Mobilidade**: Os podcasts podem ser ouvidos em qualquer lugar, o que aumenta a acessibilidade e a conveniência.

Estratégias

- **Patrocínios de Podcast**: Patrocine podcasts populares que sejam relevantes para seu público-alvo.
- **Criação de Podcasts de Marca**: Crie seu próprio podcast para compartilhar histórias, entrevistas e conteúdo relevante à sua marca.
- **Anúncios em Podcast**: Coloque anúncios em podcasts para alcançar um público engajado.

8. LinkedIn

Características e Vantagens

- **Rede Profissional**: LinkedIn é a principal plataforma de rede profissional, ideal para B2B marketing.
- **Conteúdo de Liderança de Pensamento**: Publicações e artigos no LinkedIn podem estabelecer sua marca como líder de pensamento em seu setor.

Estratégias

- **Anúncios Patrocinados**: Utilize anúncios patrocinados para alcançar profissionais e empresas específicas.
- **LinkedIn Live**: Utilize transmissões ao vivo para webinars, lançamentos de produtos e eventos corporativos.
- **Grupos do LinkedIn**: Participe ou crie grupos de LinkedIn para discutir tópicos relevantes e construir uma comunidade em torno de sua marca.

Explorar e adotar novas plataformas e canais de marketing é essencial para alcançar um público mais amplo e diversificado. Ao entender as características e vantagens de cada plataforma, e implementando estratégias específicas para cada uma, as marcas podem se manter à frente da concorrência e engajar seus consumidores de maneiras inovadoras e eficazes.

Previsões e tendências futuras

O marketing digital está sempre evoluindo e novas tendências estão surgindo continuamente, influenciadas por avanços tecnológicos e mudanças no comportamento do consumidor. Aqui estão algumas previsões e tendências futuras que devem moldar o marketing digital nos próximos anos:

1. Expansão da Inteligência Artificial (IA)

Personalização Avançada

- **IA e Machine Learning**: A IA continuará a impulsionar a personalização, permitindo que as marcas ofereçam experiências cada vez mais Individualizadas. Algoritmos de machine learning analisarão grandes volumes de dados para prever comportamentos e preferências dos consumidores com precisão.

Automação e Eficiência

- **Automação de Marketing**: Ferramentas de automação de marketing baseadas em IA se tornarão mais sofisticadas, permitindo a personalização em escala e a execução de campanhas complexas com mínima intervenção humana.

2. Realidade Aumentada (AR) e Realidade Virtual (VR)

Experiências de Compra Imersivas

- **AR e VR no E-commerce**: Espera-se que a AR e a VR transformem o e-commerce, oferecendo experiências de compra imersivas. Os consumidores poderão "experimentar" produtos virtualmente antes de comprar, como visualizar móveis em suas casas ou testar maquiagem.

Publicidade Interativa

- **Anúncios AR/VR**: A publicidade em AR e VR se tornará mais comum, oferecendo experiências interativas e envolventes que capturam a atenção dos consumidores de maneira inovadora.

3. Marketing de Voz e Assistentes Virtuais

Pesquisa por Voz

- **Otimização para Voz**: Com o aumento do uso de assistentes de voz como Alexa, Siri e Google Assistant, a otimização para pesquisa por voz será essencial. As marcas precisarão adaptar seu SEO para responder a consultas de voz de forma eficaz.

Comércio por Voz

- **Voice Commerce**: O comércio por voz (voice commerce) crescerá, permitindo que os consumidores façam compras e transações diretamente através de comandos de voz.

4. Blockchain e Transparência

Publicidade Transparente

- **Rastreamento de Anúncios**: Blockchain será utilizado para garantir a transparência no rastreamento de anúncios, combatendo fraudes publicitárias e assegurando que os anunciantes paguem apenas por impressões legítimas.

Gestão de Dados

- **Privacidade e Segurança**: A tecnologia blockchain ajudará a proteger os dados dos consumidores, oferecendo uma forma segura e transparente de gerenciar informações pessoais e transações.

5. Big Data e Análise Avançada

Insights em Tempo Real

- **Análise em Tempo Real**: Ferramentas de big data e análise avançada permitirão que as marcas obtenham insights em tempo real sobre o comportamento do consumidor, permitindo ajustes rápidos em campanhas e estratégias.

Segmentação Precisa

- **Micro-Segmentação**: A análise de big data permitirá a segmentação ainda mais precisa dos consumidores, possibilitando campanhas altamente direcionadas e personalizadas.

6. Conteúdo Interativo e Experiências Imersivas

Vídeos Interativos

- **Vídeos Shoppable**: Vídeos interativos que permitem aos espectadores comprar produtos diretamente enquanto assistem se tornarão mais populares.
- **Conteúdo 360º**: Conteúdo em 360 graus oferecerá experiências imersivas, especialmente em setores como turismo e imóveis.

Gamificação

- **Elementos de Jogos**: A incorporação de elementos de gamificação em campanhas de marketing engajará os consumidores de maneira lúdica e envolvente.

7. Sustentabilidade e Responsabilidade Social

Marketing Sustentável

- **Transparência e Sustentabilidade**: Os consumidores estão cada vez mais conscientes sobre questões ambientais e sociais. Marcas que demonstram compromisso com a sustentabilidade e responsabilidade social ganharão a confiança e a lealdade dos consumidores.

Comunicação Autêntica

- **Autenticidade e Transparência**: A comunicação autêntica e transparente será essencial para construir relacionamentos de longo prazo com os consumidores.

8. Expansão do Marketing Omnicanal

Experiências Integradas

- **Integração de Canais**: Marcas continuarão a investir em estratégias omnicanal para criar experiências de cliente integradas e coesas em todos os pontos de contato.
- **Jornada do Cliente**: Ferramentas avançadas de análise ajudarão as empresas a mapear e entender a jornada do cliente em vários canais, otimizando cada ponto de contato.

9. Economia de Criadores e Influenciadores

Colaborações com Influenciadores

- **Parcerias Autênticas**: Colaborações autênticas com influenciadores continuarão a ser uma estratégia eficaz para alcançar e engajar novos públicos.

- **Conteúdo Gerado pelo Usuário (UGC)**: Incentivar os clientes a criar e compartilhar conteúdos relacionados à marca aumentará a autenticidade e o engajamento.

10. Experiências de Realidade Mista (MR)

Realidade Combinada

- **MR em Marketing**: A realidade mista (MR) combina elementos de AR e VR, permitindo interações mais ricas e imersivas. Marcas poderão criar experiências híbridas que misturam o mundo físico e digital.

Conclusão

O futuro do marketing digital será moldado por uma combinação de tecnologias emergentes, mudanças no comportamento do consumidor e novas abordagens estratégicas. Ao adotar e integrar essas tendências, as marcas poderão se manter relevantes, engajar de maneira mais eficaz e oferecer experiências superiores aos consumidores. Manter-se atualizado com essas inovações será essencial para se destacar em um mercado cada vez mais competitivo e dinâmico.

Adaptação e inovação contínua

A adaptação e a inovação contínua são essenciais para o sucesso no marketing digital, dada a rápida evolução do ambiente tecnológico e as constantes mudanças nas preferências dos consumidores. Aqui estão algumas estratégias para garantir que sua marca permaneça ágil e inovadora:

1. Cultura de Inovação

Incentivar a Criatividade

- **Ambiente de Trabalho Colaborativo**: Promova um ambiente onde as ideias possam ser compartilhadas livremente e a colaboração seja incentivada.
- **Sessões de Brainstorming**: Organize sessões regulares de brainstorming para gerar novas ideias e soluções criativas.

Investir em Formação

- **Treinamento Contínuo**: Ofereça oportunidades de formação contínua para sua equipe, focando em novas tecnologias, ferramentas e tendências de marketing.
- **Workshops e Conferências**: Incentive a participação em workshops, webinars e conferências para manter-se atualizado sobre as melhores práticas e inovações do setor.

2. Monitoramento de Tendências

Análise de Dados

- **Ferramentas de Monitoramento**: Utilize ferramentas de análise de dados para monitorar o comportamento do consumidor e identificar tendências emergentes.
- **Acompanhamento de Concorrentes**: Monitore as atividades dos concorrentes para identificar novas estratégias e práticas que possam ser adaptadas à sua marca.

Pesquisa de Mercado

- **Pesquisas e Feedback**: Realize pesquisas de mercado e colete feedback dos clientes regularmente para entender suas necessidades e preferências.
- **Análise de Mídias Sociais**: Utilize ferramentas de análise de mídias sociais para monitorar discussões e tendências relevantes à sua marca.

3. Flexibilidade e Agilidade

Estrutura Ágil

- **Metodologias Ágeis**: Adote metodologias ágeis, como Scrum ou Kanban, para melhorar a flexibilidade e a capacidade de resposta da equipe.
- **Ciclos Curtos de Planejamento**: Utilize ciclos curtos de planejamento e execução para testar novas ideias rapidamente e ajustar estratégias conforme necessário.

Testes e Iterações

- **Testes A/B**: Realize testes A/B para experimentar diferentes abordagens e identificar as mais eficazes.
- **Iterações Rápidas**: Implemente melhorias contínuas com base nos resultados dos testes e no feedback dos consumidores.

4. Tecnologia e Ferramentas

Adotar Novas Tecnologias

- **Investimento em Tecnologia**: Invista em novas tecnologias que possam melhorar a eficiência e a eficácia de suas campanhas de marketing.
- **Integração de Ferramentas**: Utilize ferramentas de marketing integradas que permitam uma gestão centralizada e eficiente de todas as atividades.

Automação e IA

- **Automação de Marketing**: Utilize ferramentas de automação para simplificar tarefas repetitivas e liberar tempo para atividades estratégicas.
- **IA e Machine Learning**: Implemente soluções de IA e machine learning para personalização de campanhas, análise de dados e otimização de processos.

5. Experimentação e Inovação

Iniciativas Piloto

- **Projetos Piloto**: Lance projetos piloto para testar novas ideias e tecnologias em uma escala menor antes de expandi-las.
- **Laboratórios de Inovação**: Estabeleça um laboratório de inovação dentro da organização, dedicado à experimentação e desenvolvimento de novas soluções.

Parcerias e Colaborações

- **Parcerias com Startups**: Colabore com startups e empresas de tecnologia para explorar novas oportunidades e soluções inovadoras.
- **Redes de Inovação**: Participe de redes e comunidades de inovação para compartilhar conhecimento e aprender com outros profissionais do setor.

6. Foco no Cliente

Experiência do Cliente

- **Mapeamento da Jornada do Cliente**: Mapeie a jornada do cliente para identificar pontos de contato críticos e áreas de melhoria.
- **Personalização**: Utilize dados do cliente para personalizar a experiência e oferecer conteúdo relevante e direcionado.

Feedback Contínuo

- **Mecanismos de Feedback**: Crie mecanismos para coletar feedback contínuo dos clientes, como pesquisas de satisfação e análises de produtos.
- **Ações Baseadas em Feedback**: Utilize o feedback recebido para implementar melhorias e responder rapidamente às necessidades dos clientes.

7. Sustentabilidade e Responsabilidade Social

Práticas Sustentáveis

- **Iniciativas Sustentáveis**: Adote práticas de marketing sustentáveis que minimizem o impacto ambiental e promovam a responsabilidade social.
- **Comunicação Transparente**: Seja transparente sobre as iniciativas sustentáveis da sua marca e comunique-as de forma autêntica aos consumidores.

Engajamento Social

- **Projetos Comunitários**: Envolva-se em projetos comunitários e iniciativas de responsabilidade social para construir uma imagem positiva e engajar os consumidores em causas relevantes.

A adaptação e inovação contínua no marketing digital exigem uma abordagem proativa e multifacetada. Ao criar uma cultura de inovação, monitorar tendências, adotar novas tecnologias, experimentar novas ideias e focar na experiência do cliente, as marcas podem se manter relevantes e competitivas em um mercado dinâmico. A flexibilidade e a agilidade são essenciais para responder rapidamente às mudanças e capitalizar sobre novas oportunidades, garantindo o sucesso a longo prazo.

Projetos e Avaliações

15. **Projetos Práticos**

    o Desenvolvimento de campanhas reais de marketing digital

    o Criação de um blog ou site e otimização para SEO

    o Implementação de estratégias de conteúdo e mídia social

    o Análise de campanhas e apresentação de resultados

Avaliações

Testes e avaliações de conhecimentos

www.ingramcontent.com/pod-product-compliance
Lightning Source LLC
Chambersburg PA
CBHW071912210526
45479CB00002B/388